ドミニク・カルドン
Dominique Cardon

La démocratie Internet

インターネット・デモクラシー

拡大する公共空間と代議制のゆくえ

林昌宏・林香里✣訳
林香里✣解説

トランスビュー
TRANSVIEW

インターネット・デモクラシー
―拡大する公共空間と代議制のゆくえ―＊目次

第2章　公共空間の拡大　53

第3章　薄暗がりのウェブ　81

装幀　高麗隆彦

インターネット・デモクラシー

―拡大する公共空間と代議制のゆくえ―

本文中の〔　〕は訳者による注記である。

序章　進行中の世界規模の実験

代議制民主主義の対案になるか

　インターネットに対する見方には、リベラリズム、リバタリアニズム〔個人の自由を最優先で尊重すべきだとする思想〕、コミュニズムなど、さまざまな政治思想が、無意識のうちに投影されている。いわく、インターネットによって、個人の価値および自由な発想が評価されるだろう。インターネットによって、権威は覆されるだろう。そして、インターネットによって、これまで人々が私有しようとしてきたことは、共有財へと転化するだろう、などである。

しかしインターネットのあり方に、政治思想を適用して論じようとしても無駄である。なぜなら、インターネットの形式を分類することなどできないからだ。それどころか、インターネットの発展によって、私たちの民主主義の概念や実践の方が揺らいでいるのだ。というのも、代表者と、それを選ぶ側との断絶を、インターネットによって克服しようとする試みが活発化しているからである。つまり、討議の拡大、自己組織的な集団の形成、国境を超えた集団の創設、知識の共有、批判する能力の開発といった試みである。

混沌としたインターネットを注意深く検証する必要があるのは、インターネットが代議制民主主義の対案を見つけ出すための、世界規模の実験場になっているからだ。インターネットに適用される政治形式について検討したとしても、従来型の代議制民主制度を批判する者に、賛同することになるわけではない。しかしデジタル化時代に、民主主義の姿が変貌したことに変わりはない。インターネットは、コミュニケーションの量、質、速度を向上させただけでなく、公共空間を著しく拡大し、民主主義の性質そのものを変えた。民主主義体制が厚みを増し、よりきめ細かくなるという点で、我々の眼前で繰り広げられているこの革命は、もちろん賞賛に値する。けれども、この革命を手放しで受け入れるべきではない。祝杯をあげる前に、その限界についても熟考すべきである。インターネットは、従来のメディアとは異なる。インターネットの登場は、新聞、ラジオ、テレビに続くものとして時系列で語られる場合が多い。マルチメディアのデジタル・フォーマットに、文章、音声、映像を融合させたインターネットは、マスメディアの進化における、ある種の帰結といえるかもしれない。

しかしインターネットの概念を、情報量の大きなさまざまな媒体をつなぎ合わせただけのものだというなら、それはあまりにも単純な見方だ。それは、従来のメディアの世界でつくりあげられたモデルを、インターネットに当てはめたにすぎない。そのモデルは、すなわち、メディアが論説を支配し、提供する情報量を制御し、情報の受け手が受け身であることを前提とする考え方から成り立つ。この考え方に従えば、二十世紀を通じて確立された経済、文化、政治のモデルを永続させるためには、新たに登場した反逆的なメディアであるインターネットを制御すればよいことになる。要するにこれは、インターネットに新しいところなど何もない、という考えだ。

けれども、ウェブを手なずけようとしても、一筋縄ではいかないことはご承知のとおりである。ウェブは、情報の生産者、知的所有権の持ち主、企業の広報担当者、行政機関、政党に、恐るべき挑戦状を叩きつけた。ウェブによって、これまでにない知識の共有形式が生まれ、共同体の新たな動員形式が登場し、社会的な批判形式が作り出された。ウェブは、価値ある情報の生産者にではなく、インターネット利用者の通交を取り仕切る新たな当事者〔検索エンジンを運営する企業など〕に、価値を再分配するようになった。要するに、我々がつくりあげた従来のマスメディアの概念に、インターネットが閉じこもっているわけなどないのだ。

反逆精神の起源

こうした反逆精神が生まれた理由は、インターネットの起源にある。インターネットは、発信者が、受信者となる公衆に訴えかけるのではなく、発信者と受信者との相互の交流を促進するために開発されたのである。コンピューター同士のコミュニケーションを生み出した最初のプロトコル〔コンピューター同士がネットワーク上で相互に通信できるようにするための約束事〕は、メディアとしてではなく、個人間のやり取りの道具として考案された。インターネットの歴史は、一対一のコミュニケーションから、複数対複数の全員に広がるコミュニケーションへと移行する、限界なき拡大と解釈することもできる。

しかもインターネットでは、個人間の交流を促すコミュニケーションと、公衆に情報を配信するコミュニケーションとが合流する。前者のコミュニケーションでは、各自は、郵便による手紙や電子メールを通じて、一人あるいは複数の決まった相手と交信することができた。後者では、新聞、ラジオ、テレビなどを通じて、ある人物のメッセージが、不特定大多数で未分化の大衆に届けられた。

この二種類のコミュニケーション形態は、順調に接近したわけではない。この二つの世界が相互交流するようになると、それまでにない効果が生じた。

単なる技術的な問題が生じたわけではない。インターネットは、同じインターフェース〔二つのものの間に立って情報のやり取りを仲介する際の規格。ハードウェアインターフェース、ソフトウェアインターフェース、ユーザーインターフェースの三つに大別できる〕において、個人同士が交流するための道具と、大衆のコミュニケーションのための道具を統合することによって、おしゃべりの領域と情報の領域との間に、新たな型式をつくり出したのだ。十九世紀末以来、モノと人の世界的な移動を推進してきたテクノロジーである電話と新聞は、個人や商品のネットワークを拡大すると同時に、「想像の公衆[1]」の枠内で個人の統合を促してきた。

ところが、そのような発展は、仲間内の空間と公共の空間を、厳密に区分するという文脈において生み出されたのである。この二つの空間の間には、「門番」となる「ゲートキーパー」と称される編集者やジャーナリストが、その境界線の監視に当たっていた。我々の公共空間を特色づけて成立させるおもな対立は、このような区分のうえに築きあげられたのだ。それはつまり、おしゃべりと情報、個人と市民、私事と公共の出来事、市場と政治といった区分である。この截断は、二十世紀を通じて強化された。すなわち、個人間の相互通交の領域が布置される一方で、政治、情報、文化産業などでは、プロ化して閉じた領域が布置されてきた。これが、我々の代表者の基盤になったのである。

このような分離が弱まり、さらには解消されたとき、一体何が起きるのだろうか。テクノロジーによって、私的なおしゃべりと公共性のある情報がより接近すると、我々の公共空間は、一体どうなるのだろうか。こうした境界線の混乱こそが、インターネットが今日抱える問題の核心である。過激な議論、誤った情報、うわさの流布、私的領域の縮小、著作権が保護されている作品の無断利用、自己偏愛的な露出行為など、これらの事柄の危険性を指摘する者がいる一方、従来型の公共空間の消滅と、インターネット利用者の権力奪取の宣言をもち出して、インターネット革命を賞賛する者もいる。しかしながら、インターネットによって生み出されたのは、プロ対アマチュアの競争というよりは、互いが依存し合うシステムであるという点において、そのように断定することにも危険がともなう。

インターネットが公共空間を拡大させたので、これまでプロのジャーナリストと政治の専門家との対話のなかに閉ざされていた世界は、大きく開かれた。本書では、このような公共空間の拡大が、縦と横の二方向の力学から生じたことを示すつもりだ。つまり、インターネットは、床を引き上げながらすべての壁を押し広げた。まず、公開するというプロの特権が、インターネットによって奪われた。アマチュアが公共の場に登場するようになったために、民主的な討論の場は著しく拡大した。これまでプロは権威を盾にして、大衆が物静かで敬意に満ちた態度を保つように、彼らを押さえつけてきた。しかし今後、公的発言に対して反応がないという事態はありえない。発言する資格などないと判断され、無視されてきた多くの人々は、公的発言にコメントを寄せ、これを批判し、冷やかし、変形することができるようになった。

だが同時に、インターネットによって、公共空間では、インターネット利用者の個人的な表現も語られるようになった。個人が自己を公開するようになったウェブでは、「公共性」を認められていなかったおしゃべりが、蔓延するようになったのである。私的な社交と公的な討論を隔てる境界線が、新たな感性によって打ち破られたのだ。こうして個人は、自己を公開するようになり、他者の前で自分の個人的な生活と、社会的な争点とを交錯させるようになったのである。

したがって、公けに発言する権利が社会全体に広がる一方、私的なおしゃべりの一部が公共空間に組み込まれるという、二重の革命が起こった。公共空間の役割や意味は、あらゆる点において拡大した。明らかに大きく異なるこの二つの活力を統合することは、無謀と思われるかもしれない。しかし、これを詳細に観察すると、現代の個人主義の深化と徹底化という同じ過程にあったこの二つの活力は、ある緊密な暗黙の了解によって統合されたことがわかる。公共空間が、ますます活動的になった個人に開放されたのは、個人の存在のあり方が変化したからである。自分を、そして自分の特性や能力を演出する際には、人目に触れる範囲を拡大しようとする意思が必要になる。この範囲において、各自は、自分の特殊性を他者に認知させるために、それを誇示する。

このように公共空間が個人に開放されたことは、きわめて大きな意味を持つ。つまり、集まって互いに影響をおよぼしながら協力するという、それまで私的な仲間内の世界に限定されていたやり方が、政治や情報の世界にも導入されることになったのだ。こうしてインターネットによって、人々の期待を知ることができるようになり、これを読み解くことが重要になった。本書では、そのような人々の期待が、どのような民主主義を望んでいるのかを描き出し、インターネットの歴史や価値、その利用法における民主主義本来の原則を見出していく。

第1章　理想から現実へ

カウンター・カルチャーと軍事技術

テクノロジーに対する考え方のなかで、インターネットほど政治的なものはない。インターネット誕生のいきさつは、ありきたりな偶然ではない。一九六七年に、サンフランシスコでアメリカの若者が、「サマー・オブ・ラブ（一九六〇年代後半にサンフランシスコ周辺で、若者たちが文化的および政治的な主張を掲げて反乱を起こした。後のヒッピー・ムーブメントへとつながる）」に共鳴し、その翌年には、スタンフォード研究所の所長であったダグラス・エンゲルバートが、二台のコンピューターを接続することによって「人間の知能を高めることができる」ことを証明した。この実験は、「すべてのデモ〔試運転という意味〕の母」と呼ばれることになった。もちろん、「デモ」の参加者がヒッピーの集団だったわけではない〔示威行為としてのデモではない〕。しかし両者は、個人の自律を強化することによって、「社会の底辺」から社会全体を再構築しようと試みた。

インターネットは、軍事技術から誕生したといわれてきた。実際に、アーパネットというコンピューター・ネットワークの通信プロトコルを開発したのは、アメリカ国防総省の高等研究計画局の情報処理技術室（Arpa-Ipto）という小さな研究グループであった〔その後、アーパネットは、大学のコンピューター・ネットワークに加わるために、軍隊から飛び出してインターネットになった〕。しかしそのときに、インターネットの方向性はしっかりと定められていた。つまり、インターネットは、アメリカのカウンター・カルチャー〔既存の体制的な文化に対抗する文化〕と、研究者の世界の業績主義の精神が出会うことによって、誕生した産物だったのだ(2)。

情報技術者たちは、互いに協力して案を練り、共同作業をおこない、仲間内の評判を頼りにして、インターネットを育てた。彼らは、自律、言論の自由、無償であること、合意、寛容などの価値を、高く評価する職業倫理を打ち立てた。そうすることで、インターネットの発明者は、ネットワークの形式、〔リバタリアンな〕組織、そして〔人々が一致協力した〕実践に対して、持続的な影響をおよぼすような諸価値をひとつにまとめて具体化した。インターネットの黎明期の参加者は、研究者、芸術家、社会活動家、〔情報技術の〕愛好家、奇人たちなどであった。彼らはインターネットにおいて、近未来的な理想郷、美的感覚の実験、扇動、これまでにない政治行動などを展開した。(3)

インターネットが成功したのは、黎明期の実践家の稀有な独創力があったからこそである。商業目的のインターネットを発展させるために必要な内容と魅力を、「ネットの中のネット〔インターネットのこと〕」に与えたのは、彼らの独創力であった。(4)

インターネットの創始者の政治的背景についても、少し触れておく必要がある。なぜなら彼らを衝き動かした精神は、今では、ネットの拡大、新たな利用者の登場、ネット・ビジネス、電子行政、eラーニング、ネットゲームの急増によって影を潜めてしまったからである。インターネットの利用が大衆化した時代に、インターネットの先駆者たちの価値観は、どうなったのだろうか。

頭脳は末端に位置する

インターネットの概念ができあがるまでの過程は、かなり複雑である。それまで何の関係もないテーマについて研究していた研究者の集まりが、多数連携するようになったのである。例えば、データの通信プロトコルの概念。軍事ネットワークであるアーパ（Arpa）とユーズネット（Usenet）の接続、ユニックス（Unix）の利用者のフォーラム、ベル研究所が開発し大学関係者が利用したソフトウェアなど、さまざまなコンピューター・ネットワークの接続。創意工夫に満ちたコンピューター技術者のことを指すハッカー（技術的な知識を用いて悪事を働く人々を指す場合もあるが、本来の意味は異なる）など、自分でソフトウェアをデザインする初期の開発者。電子工学の愛好家が組み立てた最初のパソコン。コンピューターのマウスや遠隔操作による同時記述を誕生させた、スタンフォード大学の研究室やゼロックス社の研究所におけるグラフィカル・インターフェースの概念。ネット・インフラの整備と、企業によって商品化されたネット接続サービスの開始などである。

これらのさまざまな出来事が合流して今日のインターネットができあがるまでには、三十年近くの歳月を要した。一九九〇年、ティム・バーナーズ＝リーのハイパーテキスト・リンクの発明により、ネットワークに接続された多数のコンピューターでは、シームレス・ブラウザ〔インターネットを閲覧するためのアプリケーションソフト〕を使って掲げられたテキストを閲覧できるようになった。こうして、分散化された大量のドキュメントの流れを統合するブラウザによって、インターネットの利用者は「ウェブ」という、均質かつ包括的で際限のないモノに接しているという感覚を、得られるようになったのである。

インターネットの誕生にかかわった関係者の価値観や興味は、多種多様であったが、先駆者たちの精神には、いくつかの共通点がある。

インターネットの歴史を研究する者たちは、往々にして次のように指摘する。インターネットの概念を打ち立てた者たちは、他者のためでなく、まずは自分たちのためにインターネットを開発したという[5]。研究機関や大学関係者の協力が、インターネットの開発に不可欠であったことは確かだが、彼らが採用したプロジェクト手法は、同心円状に広がっていくイノベーション理論であった。科学者たちの仲間で利用するために開発された道具は、次第に新たな人々を巻き込みながら広まっていった。開発者たちは、このように水平で「渦巻状」に発展することによって、政治的および商業的な利害から、自分たちの共同体をしっかりと保護しながら、自分たちの原則や価値観をインターネットのプロトコルに書き込んだ。

新しくネットを構築するために、アーパが任命した作業グループであるネットワーク・ワーキング・グループ内では、大学、企業、行政がすぐに連携した。この異種混合によって、多くのネットが利用でき、さまざまな機種や言語によって機能させることができる、オープン・アーキテクチャ（公開された設計思想）という概念が推進されたのである。[6] 誰であろうとも、ネットを我が物としてはならなかった。それゆえ、誰であろうとも、ネットを支配するようなことがあってはならなかった。ただし、技術者のコミュニティは例外であった。彼らは、ネットの機能に関する規格を定義すると同時に、統治原則を打ち立てた。現在でも、彼らはネットの統治原則のカギを握っている。

したがって、インターネットの技術的なプロトコルを定義する際に理想となったのは、ある種の「情報共和国」である。インターネットの設計思想は、対等な者同士の交流や協力という文化価値を引き上げるので、中央集権化、序列化、選別といった規律をほとんど重視しない。インターネットのおもな機能の規格を定義する「コメント募集中（RFC）」の編集では、史上初のネット・フォーラム・サービスであるユーズネットにおける議論と同様に、参加者の社会的あるいは職業的な地位ではなく、参加者の実績に対する評判によって権限が与えられた。大学教員を評価する方法を模倣したこの業績システムにより、ネットは特殊な設計思想を持つようになった。すなわち、これがエンド・ツー・エンド・ユーザー・モデル（高度な機能の実現は、すべてネットワークに接続された末端でおこなう）である。

「インターネットの設計思想の原則」を作成しようと試みた、一九九六年に発表されたRFC1958という文書を見れば、そのことは明白である。ネットのインフラは、無秩序でも不完全でもない。ネットの唯一の意思とは、ネットの接続性を高めること、つまりネットのさらなる拡大であった。だからこそ、頭脳は、インターネットの中枢ではなく、「末端」に配置されたのだ。(7)

このような設計思想を選択した結果、ネットの末端にイノベーションの潜在力が宿ることになった。ネットの末端では、ソフトウェアとコンピューターが連結する。この設計原理により、利用者全員がイノベーションに携わることになるので、自分たちによる改良がネットで公開されるようになった。これらの改良が適切であると判断した者たち全員に、これらの改良が配信されるようになった。

つまり中枢機構がないからこそ、インターネットの管理は難しいのである。ネットは中立な基盤である。特定のアプリケーションやサービスを推進する組織が、他者を蹴散らしてネットを占領するようなことはない。固定電話回線の電話網である公衆交換電話網では、電話会社がネットワークを支配していたため、イノベーションの潜在力はネットワークの中枢に閉じ込められていたが、インターネットでは、前述した技術面の設計思想のおかげで、大胆なイノベーションが推進された[8]。

コミュニケーション形態の最も斬新な変化は、産業部門や大学の研究チームではなく、好奇心の強い利用者や起業家によって構築された（例えばペアツーペア型ネットワーク、ワイファイ初期の利用、ブログやウィキ、あるいはウィキペディア、グーグル、フェイスブックなどのサービス分野における、共同執筆の手段の発展など）。これらの変化は、産業界の策略や熟考された経済学的な戦略に則った「上部層」からの押しつけではない。そのような変化によって、市場の独占をたくらむ企業が大儲けしたことも事実だが、本来、これは情熱あふれる野心家の学生たちが、自宅の車庫や自分の部屋で組み立てたイノベーションであった。最終的に成功したのはごく一部の者たちであったにせよ、ネットの周縁から大胆なイノベーションが登場したのは、インターネットの開放的で分散型の設計原理によるものである。

ソフトウェアはフリーでなければならない

インターネットのプロトコルの概念と並行して、共同開発のオリジナル・モデルは、フリー・ソフトウェアという動きとともに現われた。一九八〇年代、マサチューセッツ工科大学（MIT）の優秀な情報技術者であったリチャード・ストールマンは、企業または企業のソフトウェアによる「閉鎖性」に対して、抗議運動を起こした。プログラムのソースコードが入手可能であれば、ソフトウェアは、研究し、修正し、共有することなどが可能な「開放的な状態」にあるとみなされる。当時、開発者は、自分たちのソフトウェアのソースコードを交換し、また共有する習慣があった。仲間内で協力したり、競争したりすることによって、プログラムの修正および改善が継続的におこなわれてきた。

一九八五年、リチャード・ストールマンは、フリーソフト財団（ＦＳＦ）を創設し、ＧＮＵプログラム〔フリー・ソフトウェアで構成されるオペレーティングシステムの実現を目指す計画〕の発展を推進した。その数年後、ＧＮＵプログラムはリナックスと組んで、マイクロソフト社が開発したシステムであるウィンドウズと競合するソフトウェアを生み出した。インターネットを機能させるソフトウェアの多くは、ネットの大半のサーバーが装備しているアパッチ〔ウェブサーバーソフトウェア〕に倣ってフリー〔自由および無償〕である。インターネットの世界における基本原理とは何かを考える者にとって、ソフトウェアのソースコードはテキスト〔文字データ〕であり、科学的な精神の成果である。だからこそ、彼らは、情報と同様にソフトウェアはフリーでなければならないと考えたのだ。

誰もがソフトウェアの作成や修正、さらには拡大に貢献できる。つまり、協力してイノベーションを推進することによって、開発者と利用者との断絶を緩和しようとしたのである。フリー・ソフトウェアの推進者たちは、開発者と利用者の断絶を弱めながら、デジタルの世界に開放的で協力的なイノベーションを浸透させようとした。彼らの目的は、二十世紀全般を通じて、国と市場が同時におこなった合理化とプロ化の過程によってばらばらになった領域を、再統合することにあった。すなわち、産業界と顧客、ジャーナリストと読者、科学者とアマチュア、病人と医師、専門家と愛好家といった領域を、再統合することであった(9)。

たしかに、情報プログラムのコードを書く作業に積極的に貢献するといっても、作業全体から見れば、それは限定的な貢献にすぎなかった。しかし、フリーなソフトウェアという試みは、きわめて効率的であることも判明した。これはオンラインの共同作業のモデルともなりうるであろう(10)。

だが現実には、どの作業グループもメンバーの貢献度のばらつきに悩んでいる。オンラインでの無償の協力体制は、関与する度合いがまるきり不均質であることに特徴がある。関与する度合いは、べき乗則（パワー・ロー《power law》、1/10/100 の法則と呼ばれることもある〔ある観測値が媒介変数の累乗に比例すること〕）に従っている。すなわち、全体のほんの一握りの者がきわめて活発に貢献し、ごく少数の者が定期的に参加し、大多数の者は決定的な貢献をすることもなく、共同体の能力から恩恵を受けているという構図である。オンライン共同体は、活動的でない者やあまり貢献しない者に対して、きわめて寛容である。このような貢献度のばらつきは、ネット討論会、ウィキペディア、写真やビデオのサイトにおけるコンテンツの共有などにもみられる。

　このような開放的な協働体制では、「主人公」には「脇役」が必要になる。心理的な満足感がおもな動機となる無償の世界では、ウィキペディアにおける綴りの間違いの修正、記述内容の評価、さらには活動しない利用者の無言の存在でも、たとえほんのわずかな参加であっても、活動的な者たちの動機になる。フリー・ソフトウェアの品質が、プロプライエタリ・ソフトウェア〔使用、改良、複製が、法的にも技術的にも制限されているソフトウェア〕よりも高いと評価されているのは、フリー・ソフトウェアのほうが、多くの人々の関与によって改良されているからである。[11]「集団の知恵[12]」とも呼ばれるこうした共同体の知能形式は、インターネットを発展させる際の理想になった。

　さらに、フリー・ソフトウェアは、もう一つ別の重要なイノベーションを生み出した。それは、協力体制に道徳的な規範を課したことである。人々にではなく（各自は自分がやりたいことを自由におこなう）、人々を集結させるモノ〔ソフトウェア〕に対して規範を課したのである。ソフトウェアは、流通し続けて新たな協力を生み出すために、開かれた状態であり続けなければならない。ソフトウェアを閉じたものにすることは、イノベーションの配信を凍結することであり、協力体制を抑圧することにつながる。マイクロソフト社のようなライセンス型のソフトウェアでは、利用者からイノベーションを追求する自由を奪い、開発者と利用者との境界が明確になってしまう。この観点から、最も根源的なイノベーションであると思われるジェネラル・パブリック・ライセンス（GPL）では、「何人たりとも自らの利益だけのために、他者の作業を独占することは許されない。全員が他者の作業を利用でき、修正できるようにすべきである」[13]と定められた。

フリー・ソフトウェアの世界から登場したコピーレフト（コピーライト〔著作権〕と逆の考え方）というライセンス原則は、デジタル・コンテンツに広がった。すなわち、インターネットにおいて生まれた知識は、私的所有の対象ではなく、生み出した者たちの不備を補うために自由にコピーしたり、修正したり、再利用したりすることを可能にするべきだ、という考え方である。

二〇〇一年にアメリカの法学者ローレンス・レッシグは、文章、写真、ビデオ、音楽に適用されるクリエイティブ・コモンズ・ライセンス（作品の作者が指定した条件（作品のクレジットの表示、非営利目的の使用、元の作品を改変しないことなど）を満たせば、自由に流通させてもよいとする、著作権の新たなあり方）を創設したが、このライセンスによってこそ、インターネットにおいて共有、交換、リミックス（編集したり、新たな素材

を加えたりして、新たなアプローチによって既存の作品を再構築する芸術〉の文化が発展を遂げたのである。(14)

ヒッピーたちの模索

ウェブの精神は、一九六〇年代のアメリカのカウンター・カルチャーに根ざしている。学生たちは、自分たちの親、官僚化した企業、東西冷戦、商売の理屈に毒された自分たちの日常生活に対して、反旗を翻した。彼らの反逆の精神は、一九五〇年代に中央集権化されたテクノロジーや軍事に対する敵概心をはぐくんだ。その〈敵概心の対象の〉象徴となったのが、IBM社のスーパー計算機である（スタンリー・キューブリックの映画『2001年宇宙の旅』では、宇宙飛行士がこの計算機によって殺される場面がある）。

一九六〇年代末のアメリカの若者の反乱は〈後述する〉二つに分断されたが、テクノロジーに対するこうした猜疑心は、それぞれの陣営で異なった意味をもつようになった。フレッド・ターナー(15)が指摘しているように、学生の一部は、大学の官僚化、ベトナム戦争、（人種や性別の）差別に対する反対運動を展開した。この運動は、表現の自由、市民権、女性の権利などのための社会運動に従事する、民主社会学生同盟（ＳＤＳ）の誕生へと至った。これらの反体制運動の活動家たちは、体制派の権力、国家、企業、産軍複合体に矛先を向けた。権力層と技術的な合理性が、人間疎外に加担していると糾弾した、ライト・ミルズやヘルベルト・マルクーゼの著作に感化された彼らは、その時代のテクノロジーのイノベーションに関わるつもりはなかった。

しかし、アメリカのカウンター・カルチャーは、政治的衝突に活路を見出しながらも、もう一つの方向をたどった。一九六五年十月十五日、反戦運動の壇上に担ぎ出されたケン・ケージーは、ＬＳＤがもたらす快感を国全体に広げることを目的にして、「アメリカの胃袋にＬＳＤの錠剤をぶち込もう」と提唱する、サイケデリックな活動家のグループであるメーリー・プランクスターズの指導者になった。誰もが、この反体制的な新左翼の活動スタイルには、痛烈な批判が寄せられると予想した。

だが、ケン・ケージーは、「峠の我が家〔カンザス州の民謡〕」をハーモニカで演奏する前に、次のように言い放った。「デモなんかじゃ、戦争など止められるわけがないだろ」。彼はデモ行為ではなく、サンフランシスコで、覚醒剤による意識改革と音と光のマルチメディア・ショーである「トリップス・フェスティバルズ」を企画した。これが後の

「サマー・オブ・ラブ〔一八ページ参照〕」へとつながったのである。このイベントがアメリカのコミュニティ・ムーブメントのさきがけになった。これは、社会を変革するというよりも、必要であれば世間から身を引くことによって、自分自身を変化させよう、という戦略である。

一九七〇年代初頭には、五十万人近くの若者が各種のコミュニティで暮らしていた。彼らはこれまでとは異なる暮らしを求めて、森の奥に引きこもった。コミュニティで暮らせば、覚醒剤の効果のように意識の領域を拡大させることができると考えたのである。彼らは、多様な世界に暴力のない公平無私で開放的な社会を新たに構築するために、自己を改革しようと試みた。コミュニティ型のカウンター・カルチャーは、個人が自己の内面を変化させることによって折り合いがつく、ユートピア的世界の実現を目指しながらも、政治、権力、国の仕組みを簡素化させることを主張した。

つまり、ヒッピーたちは、LSD、セックス、仏教だけに興味をもっていたのではない。彼らは、情報がシステムをつくる方法も模索したのだ。また、自分たちの自律を確保するために、ジオデジック・ドーム〔球面状のドーム状の建築物〕をつくり、有機農業を実践し、あらゆる自前のツールを開発した。矛盾したことに、インターネットの先駆者たちの文化の根幹には、そうしたコミュニティ・ムーブメント、エコロジー、自給自足の経済活動があったのである。[16] なぜならヒッピーのコミュニティは、技術的な行方をビジネスマンと軍隊が牛耳ってしまうのではなく、自分たちの手で担おうとしたからである。個人で所有できて、「小型化」された「ドゥ・イット・ユアセルフ」な形態を愛した彼らは、個人の行動力の拡大に役立つと思われる、あらゆる科学技術政策を見直そうとした。それはまさに一九七〇年代中盤に、個人向けのマイクロ・インフォメーションという概念を考案した者たちの計画そのものであった。[17]

ヒッピー・コミュニティと学問の世界の橋渡し役を熱心に務めたスチュワート・ブランドは、一九六八年、「全地球カタログ〔ホール・アース・カタログ〕」を制作した。それはこれまでに類をみない、カウンター・カルチャーのカタログであった。創刊号は六十一ページしかなかったが、このカタログは一九七一年に四四八号に達し、百万部が販売されて全米図書賞を獲得した。「全地球カタログ」は、ヒッピーのコミュニティによって自主制作されていた。

そこには、コミュニティでの物質的および精神的な暮らしを支えるためのアイデア商品に関する記事や、テントのつくり方のコツや、科学的な著作物についての批評が掲載されていた。サイバネティックス〔生物および機械における通信・制御・情報処理の問題を、両者を区別せずに扱う学問〕は、コミュニティの料理、核シェルターの建造、「ティヤール・ド・シャルダンのノウアスフィア〔人間は、生物圏を超えて思考圏域に向けて進化を遂げるとする仮説〕」などと紙一重の関係にあった。このカタログの形態は、現在のウェブのハイパーテキストの原型であると指摘されている。

カタログの記事には、批判やコメントが寄せられ、毎号がコミュニティ内で議論された。掲載された記事は、読者の興味に応じてどこからでも読み進めることができた。ありとあらゆる、さまざまな話題を扱うことによって、カタログは知識の徹底網羅を目指した。「全地球カタログ」は、自然回帰のバイブルともいえたが、個人向けの電子工学の推進にも大きな紙面を割いた。スタンフォード調査研究所（SRI）や、ゼロックス社のパロアルト研究所（PARC）の研究員たちや、ホームブリュー・コンピューター・クラブに所属する電子工学の愛好家たちは、全員がスタンフォード周辺で暮らし、「全地球カタログ」を愛読していた。ちなみに、アップル社の共同創業者であるスティーブ・ウォズニアックとスティーブ・ジョブズが出会ったのは、ホームブリュー・コンピューター・クラブにおいてである。(18)

ヴァーチャル・コミュニティの登場

もちろん、全員がヒッピーであったわけではない。だが、サンフランシスコ湾周辺の文化的背景が、インターネット黎明期の利用者や研究者、そしてアマチュアたちが思い描き発明しようとしていた道具のあり方に、大きな影響をおよぼしたことは明らかである。すなわち、これは実物大の実験に対する失望感が強まるなかで、自由で開放された空間のなかに「コミュニティ」を再構築しようという発想であった。

その証拠に、インターネットの「ヴァーチャル・コミュニティ（仮想共同体）」が登場したのは、まさに一九八〇年代であった。つまり、ヴァーチャル・コミュニティは、仲間割れや挫折感で自己解体したヒッピー・コミュニティのはぐれ者の避難先として登場したのである。

一九八五年、またしてもスチュワート・ブランドがラリー・ブリリアントと組んで、「ザ・ウェル（Whole Earth' Lectoctronic Link の頭文字、the WELL）」というヴァーチャル・コミュニティを設立した。これはテーマを決めたインターネット・フォーラムであ

郵便はがき

料金受取人払郵便

日本橋支店
承認
3980

差出有効期間
平成25年6月
30日まで
（上記期限までは
切手は不要です）

103-8790

041

東京都中央区日本橋浜町
2-10-1-2F

株式会社トランスビュー行

書名

ご感想、ご意見をお聞かせ下さい。

匿名にて広告などに使用することがあります。

お買い上げの書店名

市
群
区

町

書店

お名前　　　　　　　　　　　　　　　　　　　　　　　　年齢　　歳　　男・女

ご住所（〒　　　　　　　　　）　　TEL.

E-mail：

小社の新刊等の情報を希望（する・しない）

ご購読の新聞・雑誌名

本書を何でお知りになりましたか

1. 書店で見て　2. 人にすすめられて　3. 広告（雑誌名　　　　）
4. 書評（紙誌名　　　　）　5. その他（　　　　）

注 文 書

月　日

書　名	冊　数
	冊
	冊
	冊
	冊
	冊

下記のいずれかに○をお付け下さい。

イ．下記書店へ送本して下さい。
（直接書店にお渡し下さい）
＊書店様へ＝低正味・スピード納品で直送します。貴店名／ご担当／ご住所／TEL をご記入下さい。

ロ．直接送本して下さい。
代金（書籍代＋送料・冊数に関係なく200円）は現品に同封の振替用紙でお支払い下さい。

＊お急ぎのご注文は下記までお申しつけ下さい。
電話 03・3664・7334
FAX 03・3664・7335
e-mail：order@transview.co.jp

www.transview.co.jp（小社書籍の詳細をご覧頂けます）

った。際限のない議論が繰り広げられるこのようなオンライン領域には、ハッカー、ジャーナリスト、音楽家、大学関係者、各種コミュニティのメンバーなどが集まった。人間の部族性の復活を提唱する神秘主義集団である「ザ・ファーム（The Farm）」のメンバーなども参加した。コミュニティは、「ヴァーチャル（仮想的）」であった。すなわち、ヴァーチャル・コミュニティでは、散らばった個人が、自分たちのコンピューターを通じてつながったのである。

しかし、まだ少人数であった参加者は、「ウェル・オフィスの会合（Well Offices Parties）」などで、実際に会う習慣もあった。インターネット黎明期の神話になったザ・ウェルの白熱した議論は、ネットワークや情報の世界と直接的な結びつきのない人々の間での、開放的な情報実践の最初の事例になった。

最も活発な参加者の一人であった、ジャーナリストで随筆家のハワード・ラインゴールドは、こうした経験を『ヴァーチャル・コミュニティ』[19]という本にまとめている。この本は、インターネットの利用形態に大きな影響を与えた。彼は、社会とのつながりを再活性化させるために、オンライン空間での暮らしを推奨し、ヒッピー・コミュニティに代わるユートピアを提示した。人間解放プロジェクトを推進する担い手がいなくなったので、テクノロジー自体がその役割を担うようになったのである。[20]
インターネットの創始者たちは、インターネットによって人々が逃げ込む空間が確保され、気分が一新できると請け合ったのだ。彼らにとって、ウェブとは「現実の世界」との架け橋がない未踏の大地であり、想像上の西部開拓であった。ロック・バンドのグレイト・フルデッドの作詞家であり、ザ・ウェルの活発なメンバーで、電子フロンティア財団の創設者でもあるジョン・ペリー・バーロウが一九九六年に出した声明は、一種の「サイバー・スペース独立宣言」であった。スイスのダボス会議に提出されたその文書には、国家に適用されるルールをインターネットに課すことはできない、と記されていた。
このような「現実世界」との分離は、二重の解放から生じた。一つは、知識には国籍などなく、自由に流通させなければならないという、知識の解放であった。もう一つは、人々は、自分が暮らしている場所とのつながりを断ち切り、情報が駆け巡る速度と同じ俊敏さを享受するために、アバター〔自分の分身となるキャラクター〕を用いるという、人々の解放であった。〔ハンドルネームによる〕匿名を用いることは、ウェブと現実の暮らしを切り離すための必要不可欠な分離でもあった。コンピューターのキーボードの前に座った犬が描かれている有名な風刺画がある。そこには、次のような文句が書かれていた。「インターネットでは、誰もあなたのことを犬だとは思わないでしょう！」。こうした黎明期の風刺は、初期のインターネット利用者がテクノロジーの面で独創性を発揮するうえで、重要な役割を果たした。

ウェブの治外法権により、さらに独創的な行動が促され、仲間意識の強い社会的なつながりが生まれ、束縛から解放された個人が登場した。インターネットの創始者たちが主張したように、「ヴァーチャル」という多義性のある用語は、現実と似たようなものという意味ではなく、現実をより濃密で望ましいものに変える、要するに現実をより偽りのないものにする手法として、理解されるようになったのである(21)。

急激な大衆化と理想の変容

こうしたヴァーチャルを提唱する背景において、インターネットの形式をめぐっては、当然ながらさまざまな理想が提唱された。その形式に関する理論家として登場したのは、フリー・ソフトウェアの開発者、非物質的な共有財の推進を訴える者、共同体の知能の予言者、ダウンロードやリミックスを擁護する者、表現の自由や匿名性の重要性を訴える者、従来のメディアが扱わない情報発信を応援する者などである。彼らは、技術的プロトコル、交流や共同イノベーションの文化、水平的な統治形態と開放的な法整備との整合性を、きわめて独創的な手法によってとりまとめ、包括的なモデルをつくりあげた。これらの偉業は、おそらくそのときまでの重大な発明と比較しても、稀なことであったと思われる。このモデルは、インターネットの利用とその後の方向性に、根源的な影響をおよぼした。(22)

このような環境が整ったのは、利用者側も、開放的で独創性にあふれる規格を重視したからであった。そのおもな要因は、ネットの初期の利用者が、自由で協力的なインターネットを推進する者たちであったことや、彼らが非常に均質な社会層(白人、男性、西側諸国の住人、知的な中産階級)に属していたからだ。フリー・ソフトウェアの開発者など、前衛的な人々の社会的な背景を探ると、社会的および文化的にきわめて均質であったことに驚かされる。

ところが、インターネットは、突如として巻き起こった大衆化によって変化を遂げた。ヴァーチャル・コミュニティが登場したかなり後のことであるが、一九九五年十二月の時点では、インターネット利用者の規模は、千六百万人にすぎなかった。これは世界人口の〇・四%に相当した。「ブログ集合体（ブロゴスフィア）（無数のブログが相互にリンクしてできたブログ集合体）」が拡大しはじめた二〇〇〇年の時点では、三億五千九百万人になった（世界人口の五・九%）。その十年後には、十八億人に達し、世界人口の四分の一を占めるようになった。もちろん、インターネットの浸透度を大陸ごとに比較すると、かなりのばらつきがある。北米では七六%の個人がインターネットを利用しているが、ヨーロッパでは五〇%、アジアでは二〇%、アフリカでは九%である(23)。

インターネットが大衆化した転換点を、明確に指摘することはできないが、ブログやソーシャル・ネットワーク（交流サイト）が拡大した時点、ウェブの利用があらゆる出自の若者の間で広がった時点、多くの社会領域にデジタル機器が浸透した時点、ビジネスや娯楽あるいは便利だからという理由などで、ウェブの利用目的が多様化した時点などが、転換点として指摘されている。大衆がインターネットを利用するようになり、インターネットは人々の暮らしに入り込んだ。

インターネットの利用が大衆化されたので、規模の変化が生じた。必要な変更を加えられた後のこの変化は、学校が民主化されたがゆえに「フランス共和国」が掲げる教育の理想が緊張にさらされたのとよく似ていた。すなわち、国民のほとんどが学校に通うようになったときと同様に、社会的および文化的にきわめて均質な小人数のグループ空間に、地理的、社会的、文化的に異質な人々が押し寄せてきたのである。新たにインターネットを利用するようになったそれらの人々は、不調和な分裂した領域を生み出し、インターネットに商売を持ち込み、不評を買った。また、あらゆる場面に臆面もなく登場する彼らは、日和見主義や独創性に乏しい模倣的な態度をとった。彼らは、協力と打算、天賦の才能といんちき、独創性と凡庸性を、ためらいもせずに組み合わせた。黎明期に定義されたインターネットの理想は、インターネットの利用が大衆化されたため、片隅へ追いやられた。

先駆者たちのユートピアは、社会学的な理由と政治的な理由により、亀裂が生じた。インターネットの利用の大衆化による直接的な影響は、さまざまな社会層に属する人々が利用するようになったために、インターネットにますます実用主義的で「現実的な側面」が付与されるようになったことである。オンラインにもう一つの世界をつくり出そうという願いは、利用者の世界である社会の現実と再び結びつこうとして、ある種の「着地」を余儀なくされた。

これと並行して、創始者の政治的理想も、ネット文化に根ざした自由と自律の原則に関して、厳格な解釈と穏健な解釈との間で揺れ動いた。多くの代弁者が強調したように、先駆者たちのカウンター・カルチャーという理想は、単なる自由放任主義に近かった。[24]ウェブの商業的な発展とともに、緊張が高まり続けたが、この緊張により、インターネットの統治のあり方に、二つの展望が生じたのである。

現実主義への転換

独立したサイバー・スペースという虚構は魅力的であったが、すぐにその現実に関する原則に問題が生じた。まず、身元が暴露されたり、詐称されたりしたので、人々が偽名を使って身元を偽るという行為に、激しい議論が巻き起こった。[25]次にインターネットの大衆化により、インターネットの日常的な側面が拡大した。つまりオンラインの世界に、「現実主義」が台頭しはじめたのである。その結果、ヴァーチャルなアイデンティティと現実のアイデンティティとの境目も、目立つようになってきた。最後に、「地理的な逆襲」という現象が確認されるようになった。すなわち、ヴァーチャル・コミュニティには、世界中で暮らす見知らぬ人々が集まっているのではなく、実際には、近隣で暮らすインターネット利用者が集結しているだけだ、という事実である。

黎明期のウェブは、公共性のある情報の共有と、ハンドルネームのアバターの間でのやり取りを、明確に区分することによって組織されていた。人々のコミュニケーションは、当時発明された電子メールという閉じた伝達経路から、まだ抜け出していなかった。インターネットは、資料がたくさん詰まった知識の図書館であると同時に、匿名で独創性を自由に表現できる想像上の領域であった。しかしながら、これらの世界のどちらかに参入するためには、自分自身と自分が公開するものとの間に、距離あるいは隔たりをつくることが要求された。なぜなら、個人からテキストを切り離すことによってこそ、知識の流通が促されるからだ。

ところが、「距離を置く」というこうした形式は、社会学者が多くの分野で指摘しているように、我々の社会において不均質に配分されている能力である。この形式では、自分自身の表現を確立するための、きわめて特殊な社会的および文化的能力や認識力が要求される。言い換えると、インターネットの初期の利用者は、自分のアイデンティティを巧みに操る術を心得ていたのである。彼らは、あるときは自ら執筆する著者であり、あるときはペンネームを使う妖精であった。

この距離を置くという規範が、次第に打ち破られていった結果、インターネットは民主化された。文化資本に乏しい新たな利用者が、自分が何者であるか、日常生活において自分が何をして、どんなことを語っているのかを、手軽に示せるようになった。彼らは、おしゃべり感覚で自分の考えを述べるようになったのだ。ソーシャル・ネットワーク・サイト（SNS、交流サイト）が発達したため、公表されるコンテンツに、利用者の身元が表記されるようになった。ソーシャル・ネットワークにより、普通のおしゃべりで扱うテーマが、普通の語り口で公共空間に登場するようになった。しかし、大衆化したインターネットでも、例えばセカンドライフ[26]などでは、人々が夢見る人物像を使った前衛的でヴァーチャルなゲームが、特別な場所に設置された。

社会学的な観点からさまざまな人々がウェブを利用するようになったため、現実世界と「接点のない」独立した空間という神話は、見直されるようになった。なぜならば、インターネットの新たな利用者たちは、創始者たちがつくったこうした虚構などに興味はなく、ウェブを隔絶された世界というよりも、自分たちの日常生活に深く絡み合った世界と捉えたからである。

このような転換により、ウェブの利用におけるプライバシーの問題が再燃した。インターネットの先駆者たちは、プライバシー保護の問題を、匿名による行為ということだけで解決できると考えていた。私生活の問題をあまり懸念していなかった彼らは、表現の自由を無条件に要求することしか頭になかった。しかし、インターネットが大衆化して、より「現実的」になったので、私的な生活と公的な生活との切り分けの問題が、再び俎上に載せられることになったのである。

この転換によって、日常社会とのつながりを支配する社会基盤とは異なる基盤のうえに、オンライン社会を構築するというユートピアが、再検討されることにもなった。「ヴァーチャル・コミュニティ」の信奉者は、インターネットで見知らぬ人々とつながりをもてば、現実の暮らしと同じ、社会的かつ感情的な結束が得られると吹聴した。たしかに、インターネットの利用法によっては、このような側面も存在するが、それには参加者の社会層が比較的均質である、という前提条件が必要になる。

かつてインターネット利用者の社会層がきわめて均質であったことに、疑いの余地はない。見知らぬ者同士が意気投合した事例を並べたて、この前提条件を否定することもできた。だが、インターネットに参加する公衆が多様化するにつれて、利用者の社会層が均質でなければならないという原則は、明白になった。オンライン上で一つの共同体で暮らすという感覚をもっていたザ・ウェルのメンバーたちは、似たような社会的生活を営み、経験を共有し、共通の文化規範をもち、しばしば現実世界でも親交があったのだ。

今日、インターネットの「コミュニティ」という虚構は、参加者が多様化した影響により瓦解した。インターネットの先駆者たちは、流動性が高く開放的で寛容な交流によって、世界が再統合されることを夢見ていた。ところが、インターネットが大衆化されても、社会的、地理的、文化的に同じ特徴をもつ個人の集結したコミュニティの飛び地が増殖しただけであった。すなわち、先駆者たちのコミュニティは一つであったが、今日のインターネット利用者のコミュニティは、複数となったにすぎない。現実の世界が細分化されているのと同様に、さまざまな不均質のなかで複数のコミュニティが再構築されたのである。

「自由主義」をめぐる二つの解釈

リュック・ボルタンスキーとエヴ・チアペロによると、資本主義に対する批判は、一九六八年の反体制運動の後に、体制側との権力関係の修正を要求する「社会派」と、ユニークでクリエイティブな個人をつくるために個人の解放を目指す「芸術派」の、二派に枝分かれしたという(27)。

アメリカの場合には、インターネットは「批判的芸術派」が起こした運動であった。リバタリアンの理念は、個人の自律や自主組織を重んじ、集団が生む拘束を拒否することであった。

ところが、このような制度を忌避する空気は、リバタリアンのイデオロギーとともに、多くの似通った思想も生み出した。個人の自律を重視した一九七〇年代の反体制派のヒッピーたちが、リベラル志向と同様に、規制緩和政策にも拒否反応を示さなかったことは、これまでにも指摘されてきた。スチュワート・ブランド、エスター・ダイソン、ケヴィン・ケリーをはじめとするインターネットのグル（指導者）たちの歩みが、これを物語っている。前述の三人は、大企業の管理職に対して労働の柔軟性や個人の責任を啓蒙するコンサルタンティング企業の、グローバル・ビジネス・ネットワークの出身であった。

彼らは、アメリカ共和党員でリバタリアンであるルイス・ロゼットの指揮のもとに、『ワイアード』という雑誌も創刊した。この雑誌は、新たなデジタル機器のトレンドや、ポスト・フォーディズムという価値観を社会に広めるにあたって、大きな影響力を発揮した。リバタリアンのコミュニティのグルによっては、市場の自由化を熱心に訴え、当局がもつ権力や障害となる規制に断固反対する者もいた。こうした「カリフォルニアのイデオロギー」[28]は、企業を立ち上げる際の原動力になった。ちなみに、この「ニュー・エコノミー」は、二〇〇〇年の春に株式市場の暴落によって没落した。

したがってインターネットの精神は、自己改革プロジェクトに絶えず取り組むように訴える、個人の自律に関する厳格な解釈と、個人の自由や利益を妨害する恐れのある障害から個人を守ることを中心に据える、個人の自律に関する穏健な解釈の、二つの間に存在する緊張感にさいなまれた。

現代の多くの政治運動に影響を与えたハキム・ベイの『T・A・Z―一時的自律ゾー

ン―』[29]のカルト的な文章は、個人の自律に関する厳格な解釈に急進的な展望を与えた。それは権力の隙間に存在する、現われたり消えたりするマイクロ・コミュニティに引きこもるプロジェクトを、非合法なユートピアから借り受けたのである。ハキム・ベイに閃きを与えたシュティルナーの「エゴイズムのコミュニティ」に近いアナルコ・シチュアーショニズム（anarcho-situationniste）の流儀では、革命でも社会変革でもなく、世間を変えるというよりも、むしろ自分の生き方を変えることのほうが重要であった〔完全に自律的となるためには、無人島で暮らすべきだという〕。

グーグルのオープンソース・サービス

フリー・ソフトウェアの世界から登場したオープンソース・コミュニティ〔無償でソースコードが公開されているソフトウェアに関わる個人や非営利団体〕は、個人の自律に関する穏健な解釈の例証である〔個人の自由や利益を妨害する恐れのある障害から個人を守ることを中心に据える〕。オープンソース・コミュニティは、開放的なソフトウェアの開発を求めたとしても、政治活動は逆に一切拒否し、独創力を発揮できる自由を奨励した。

オープンソース・コミュニティは、情報やソフトウェアの私物化によってではなく、これらの共有財の活用や価値を高めるサービスにより利益を得ることができるデジタル経済を推進した。

ウェブの将来をめぐる論争では、個人の自律に関する厳格な解釈と、穏健な解釈との間にもともと存在していたこうした緊張が、議論を盛りあげてきた。今日ではグーグルやフェイスブックなどの「認知型資本主義（知能労働が付加価値の創造において重要視される資本主義）」において、相反するイデオロギーがぶつかり合う、こうした緊張が見られる。ちなみに、これらの企業は、自分たちのウェブに対する価値観は、リバタリアンのものに近いと主張し続けている。

グーグルは、オープンソースのソフトウェア・サービスを開発し、知識の共有化を促し、邪悪にならないために（グーグルのスローガンは「邪悪になるな（don't be evil）」である）、知的所有権の解放を主張している。同時にグーグルは、インターネットの先駆者たちの夢見ていた自由を行使しながら、インターネット利用者自身が生み出したコンテンツへのアクセスを広告主に売り払うことによって莫大な利益を得ている。

グーグルに強制力はない。インターネットの理想に共鳴するグーグルは、インターネット利用者が発揮する共同体の知能による作業を、自社の独占的なサービスに変化させる術を心得ていたにすぎない[30]。我々は、グーグルなどのデジタル資本主義の主要な企業と、ウェブの精神とのつながりを把握するためにも、インターネットが利用者に、情報を生み出す能力や情報を階層化する能力を与えながら、いかにして公共空間を拡大させていったのかを、理解しなければならない。

第2章　公共空間の拡大

公共圏とは何か

規範的な公共圏概念は、同概念の空間論的なアプローチと、しばしば齟齬をきたす。都市社会学における空間論的な考えでは、全員が見ることができてアクセスできるのが公共圏である。公私の区分を扱う際の法律は、この定義を通して制定される。例えば、道路は誰でもアクセス可能であるが、家の中はそうではない[31]。この定義に従うと、ウェブは公共圏になる。ウェブにはさまざまなものがあるにせよ、ウェブの著作物にはジャーナリズムに保障されるのと同等の権利が付与される。

しかし、政治理論の分野での公共圏概念の定義は、これとは異なる。公共的な発言は、公共空間に一般的利益をもたらすものでなければならない。だが、発言によっては、社会の全員に知識をもたらすような価値のあるものもあれば、そうでないものもある。だからこそ、公共圏概念の形成に関する理論では、「公開される領域」の境界線を定義しなければならないのだ(32)。

従来のメディア空間についての議論では、前述の二つの定義は、およその一致を見ていた。つまり、全員が見ることができてアクセスできる空間には、公共の利益をもたらす発言だけが存在していたのだ。一つめの定義に従って情報メディアによって可視化される発言は、二つめの定義に照らし合わせて公的な性格も帯びていた。

ところが、インターネットの登場によって、見ることができるものであっても、公的なものではなくなった。ウェブは、見ることのできる領域と公開性の概念を切り離しながら、公共空間を拡大した。社会では見ることができる領域が拡大したため、発言や批判が民主化された。我々はこの変化を慎重に検証しなければならない。というのは、この変化の直接的な原因は、インターネットにはゲートキーパーが不在であるからだ。つまり、インターネットには何が公共の利益に相当するのかを判別し、これを可視化する役割をもった存在がいないのだ。

今後、公共の利益と私的利益の、柔軟で移ろいやすい境界を定義するのは、インターネット利用者自身である。インターネットは、公私という明確な二項対立を、「きわめて」公的な発言、あまり公的でない発言、まったく公的でない発言といった連続体に置き換えた。従来のメディアによる空間の分類が頭に染みついている我々は、このような新たな変化が我々におよぼす影響を、おそらくまだうまく知覚できていないのではないだろうか。

「アマチュア」の登場

これまでにも、一般人が公共の場で発言することはあった。社会学者がかつて「俗人」と呼んだ人々は、インターネット時代には「アマチュア」になった（俗人は聖職者に対する一般人を指す。ここでは特別な能力や特権を持たない俗人である普通の人々が、自分たちの文章や映像などをネットに公開するようになったことを指す）。長年にわたってメディアは、読者からの手紙を掲載する読者欄や、（ラジオのリスナーやテレビの視聴者が）

意見を直接述べる番組など、自分たちの企画に参加する者たちに、わずかな時間を確保してきた。二十年来、視聴者の参加は、ラジオやテレビの番組の定番にさえなっていた。(33)
しかし、一般人の発言を迎え入れるためにプロが設営した土俵は、拘束だらけであった。一般人に確保された時間は限定されていた。一般人の発言は、ジャーナリストによって、正確性に欠ける不確かなものとして紹介されてきた。テレビのリアリティ番組〔一般人の実体験をライブ中継する娯楽番組〕でさえも、一般人の表現は、プロが作った台本の枠内に押し込められてきた。

公けにすべき情報を取捨選択する権利を握っていたのは、配信手段を独占的に利用してきたプロの編集者やジャーナリストであった。一八八一年七月二十九日に発布された報道の自由に関する法律により、情報を公表する前には、事前に編集することを定める、公開に関する厳格なルールが制定された。出版などのメディアで決定的な役割を担うゲートキーパーは、羨望の的であった。全員に可視化される情報は、職業倫理の規範に従うプロによって事前に選択されたものだったので、人目に触れる公衆の空間には公共性があったのだ。したがってこのようなメディアによる公共空間の生産様式によって、発言の、人目に触れる領域とその公共性は、同時に担保されていたのである。

これと並行して、「発言者」は、適切な形式を利用するよう厳しく指導された。公的な場を利用できるチャンスを得た発言者は、厳格に拘束されることを強いられた。公的な場で発言する者は全員に観察され、発言は法律に照らし合わされ、記録をとられた。彼らは、月並みなおしゃべりをすることなど、許されなかった。特定の誰かではなく、未分化の大衆に対して話しかける彼らは、自身の表現を制御し、言外の意味を取り除き、自分の発言がその場の状況に左右されずに、全員に理解されるよう努めなければならなかった。発言者は、私的な利益ではなく、公共の利益を追求するために自分の名を名乗り、全体の代表を務めることを受け入れる覚悟が必要とされた(34)。

したがって、一般人の発言が、正当かつ承認された方法によって加工された後に、メディアの空間に登場するためには、膨大な作業が必要とされた。それ以外の手法によって発言することができたのは、おそらく「オルタナティブ・メディア」〔マスメディアが扱わない特殊個別な内容を中心に情報発信するメディア〕だけであっただろう。だが、オルタナティブ・メディアは、ごく一部の例外（ラジオ周波数の割り当てが自由化された際など）を除いて、大した影響力をもたなかった(35)。

従来型のメディアでは、一般人とプロの断絶は、政治の場における代表者と有権者の間にある対立を強めただけであった。代表者は、賛成する市民の立場、興奮した証人の立場、実際に苦しむ犠牲者の立場に身をおかなければ、有権者の世界に入っていくことができなかった。ところが、〔インターネットで〕公開するという作業は、もはや監視区域を通過するわけではない。むしろ、人目に触れる頻度が区域ごとに異なっているというだけで、全体では一続きとなっている空間への参入と考えられるようになった。このため、公的な場での表現様式は、根本的な変化を遂げた。また、一般人はアマチュアの地位に格上げされた。アマチュアが採用する、きわめて豊富で多様な表現形式には、束縛などない。

「まず公開、次に選別」

インディ・メディア〔インディペンデント・メディアの略。大手メディア企業から独立して運営される草の根メディアを指すことが多い〕のスローガンは、「メディアを毛嫌いするな、自分がメディアになろう!」であった。これはパンクロックバンドのデッド・ケネディーズのリード・ヴォーカリストであった、ジェロ・ビアフラの発言からの借用である。インディ・メディアは、事前の編集管理が一切ない、ウェブでの公開の新たな形態といえるかもしれない。インディ・メディアは従来のメディアとは異なる新たなメディア・ネットワークで、一九九九年にシアトルで開かれた世界貿易機関（WTO）の閣僚会議に反対する活動家への、インターネットを通じた情報提供サービスのために誕生した。その数年後、インディ・メディアのサイトは、世界中で数多く立ち上げられたが、これらのサイトはアルテルモンディアリスト〔「もう一つの世界主義者」〕、対外排斥主義は否定しつつ、新自由主義的なグローバリゼーションに反対する集団〕の活動家が利用する道具の一つになった[36]。

リバタリアンからの影響を受けるインディ・メディアは、束縛のない公表という原則を確立した最初の表現空間であった。インディ・メディアにより、誰もが情報、写真、ビデオを公表できるようになった。事前および事後に、いかなる修正もおこなわれない。このようなルールはきわめて過激であったため、インディ・メディアの集団によっては、彼らの極端な発言が法律に抵触する危険性もあった。そこで、事後に発言を緩和する必要が生じ、自分たちの原則の変更を強いられた集団もあった。

しかし、束縛のない公開という原則をできる限り守るために、インディ・メディアのサイトでは、問題になった記事を別枠に掲げることによって、記事の閲覧性を維持した。全員が点検できるようにするためには、全員が閲覧できなければならない。これこそがインディ・メディアの編集方針であった。

インディ・メディアは、閲覧性を限界まで押し広げる手法により、インターネットに新たな公開形式の基本原理の一つ、「まず公開、次に選別[37]」という原則を打ち出した。事前の編集管理から事後の編集管理への移行が、黄金律になったのである。ウィキペディアなど、情報生産を目的とした投稿型サイトの大半は、この哲学を継承している。さらには、韓国のオーマイニュースやフランスのアゴラボックスにも、そうした傾向がみられる[38]。従来型のメディアの解説やフォーラムにおいても、インターネット利用者が思い通りに公表する権利を確保するために、これと同じ原則を打ち出した。その後、サイトの管理人が自分たちの編集方針に一致しない発言を、公開された後に訂正ないし削除できるようにするために、〔束縛のない公表という〕自由をある程度、制限する政策が打ち出された。

階層化の原則

インターネットからゲートキーパーという制御が取り除かれたので、事前審査を受けていない著作物であっても、一般社会の目に届くようになった。ところが同時に、我々は、公共性があるとは認められない類いの発言にも、アクセスが可能になった（つまりこれらの発言も可視化された）。プロは、「公共の利益」に資する発言ができると思われる一般人の発言を採用してきたが、事前の検閲が消滅したため、公共空間で機能してきた社会的な選択も取り除かれた。公共空間は、社会的地位、性別、人種という観点において、きわめて差別的であった。このことは、これまでにもさかんに批判されてきた[39]。インターネットにおける人目に触れる領域の拡大は、理性的な判断、自主規制、論証の妥当性、特定の利益から独立しているといったことをインターネットに任せながら、公共的な言説のあり方を規定してきた諸条件を緩和するという「代償」をともなった。

インターネットは、従来の理想的な規制役をお払い箱にしたのではない。専門家がおこなう議論の形式によっては、これらの規制が強化されている場合さえある。しかしインターネットでは、あらゆる主観的な表現が氾濫し、また主観的な表現が推奨されてもいる。インターネットにより、これまで見えなかった表現の多様性が、突如として可視化されたので、多くの人々が迷惑をこうむった。民主的な発言の場は全員の場であって、全員の場でなければならないのだと、インターネットは臆面もなく勝手に断言したのである。[40]

インターネットは、従来型の公共空間が排除してきた匿名性を推奨し、一人称での語り、独断的な視点、自由奔放な発言、あやふやな発言、詩的なメッセージ、おかしな発言、感情に任せた意見などに対して、きわめて寛容な態度を示した。正当性のある公的な表現形式をつくるために辛抱強く練りあげられた言語表現の体系は、激しく揺さぶられることになった。

しかし、すべてが可視化されたのであれば、共通の利益がある発言、そうでない発言、さらには私的な領域に属するため我々が興味をもつべきではない発言を、どのように峻別すればよいのだろうか。インターネット利用者は、このような取捨選択を、発言が公開された後に自分たち自身でおこなう。つまりこれこそが、ウェブでの評判ランキングに従って、インターネット利用者が公開された事後におこなう、階層化の原則である。[41]

この原則こそが、グーグルのアルゴリズム（計算手順）であるページランクである。インターネットの先駆者たちの資料集的なウェブでは、検索エンジンの回答は、検索した用語のサイト上の掲載頻度によってランク付けされていたため、あまり適切な結果が得られなかった。

グーグルは、社会的な組織ともいえるインターネット利用者の判断によって、人目につきやすい順に階層化した。あるサイトが多くのサイトによって言及され、これらのサイトも他の多くのサイトによって言及されている場合には、このサイトは上位にランキングされる。このサイトに、他のサイトへのリンクを貼るインターネット利用者は、ランキング投票をおこなったことになる。この業績至上主義的なランキング手法は、科学引用索引（ＳＣＩ）の検索評価モデルを借用したにすぎない。ＳＣＩは、他の研究者によって論文が引用された回数に従って、研究者の評価をランク付けする。もちろん、それらの論文自体もランク付けされる。

こうして「正当性のある」発言は、検索エンジン、ブログのランキング、ニュースを取りまとめるＲＳＳヘッドラインの「上位」に登場することになり、共同体が見ることのできる空間体系がつくりあげられる。反対に、「下位」にランキングされ続ける発言は、ほとんど注目されず、上位にランキングされる発言と同じ公共性はもたない。したがって、発言を広く配信するかどうかの判断は、インターネット利用者の決定にゆだねられる。「エリート」が、共有する価値のある発言であると決めるのではない。

言論の自由の栄華と災厄

インターネットには、侮辱的な発言、人種差別的な発言、誤った情報、不明確な情報、誹謗中傷、ばかげた発言があるという理由により、インターネットを軽蔑する者が存在するが、彼らはウェブのこうした性格を把握していない。ウェブを従来型の公共空間として一様に捉える彼らは、探し出せば見ることはできるという状態と、階層化された可視化状態を区別することを忘れている。彼らが批判する例の大半は、確かにアクセス可能である。しかし、そのためには検索エンジンを利用して、それらを意図的に探し出さなければならない。

したがって、人目に触れる可能性も乏しく、参照指示や言及もなく、リンクも貼られていないそれらの情報は、ウェブの薄暗いところに身を潜めている。だからこそ、インターネットは完全に公共的な空間ではなく、アクセス可能である情報だからといって、その情報に公共性があるわけではない、という主張がなされるのだ。

二〇一〇年に「人種差別反対、人々の友好の推進（MRAP）」という、人種差別に反対する市民団体が調査したところ、フランスには少なくとも、反ユダヤのサイトが四十四、反イスラムのサイトが七十五、ナチスを支持するサイトが二十五、史実を否定するサイトが十一、「さまざまな人種差別」サイトが二十三も存在したという。在フランス・ユダヤ人団体評議会（CRIF）の「インターネットの扉はあらゆる人種差別に開かれている」という嘆きが正しいとしても、この扉は半開きの状態でしかないことも、頭に入れておく必要がある。階層化されたウェブではかなり下位にランキングされているこれらのサイトは、インターネット利用者が、反ユダヤ、女性蔑視、反ホモセクシュアルなどの暴言を、明確な意図をもって探さない限りは、アクセスできない。

そうはいっても、インターネットは、他者に対してどのような発言や主張をするべきかを指し示す、あらゆるパターナリズム（父親的な温情主義）を拒否するという点において、アメリカ憲法の修正第一条の精神に近いことに変わりがない（言論の自由を制限する法律を制定してはならない）。だからこそ、ウェブの奥底にとどめておくべき情報が

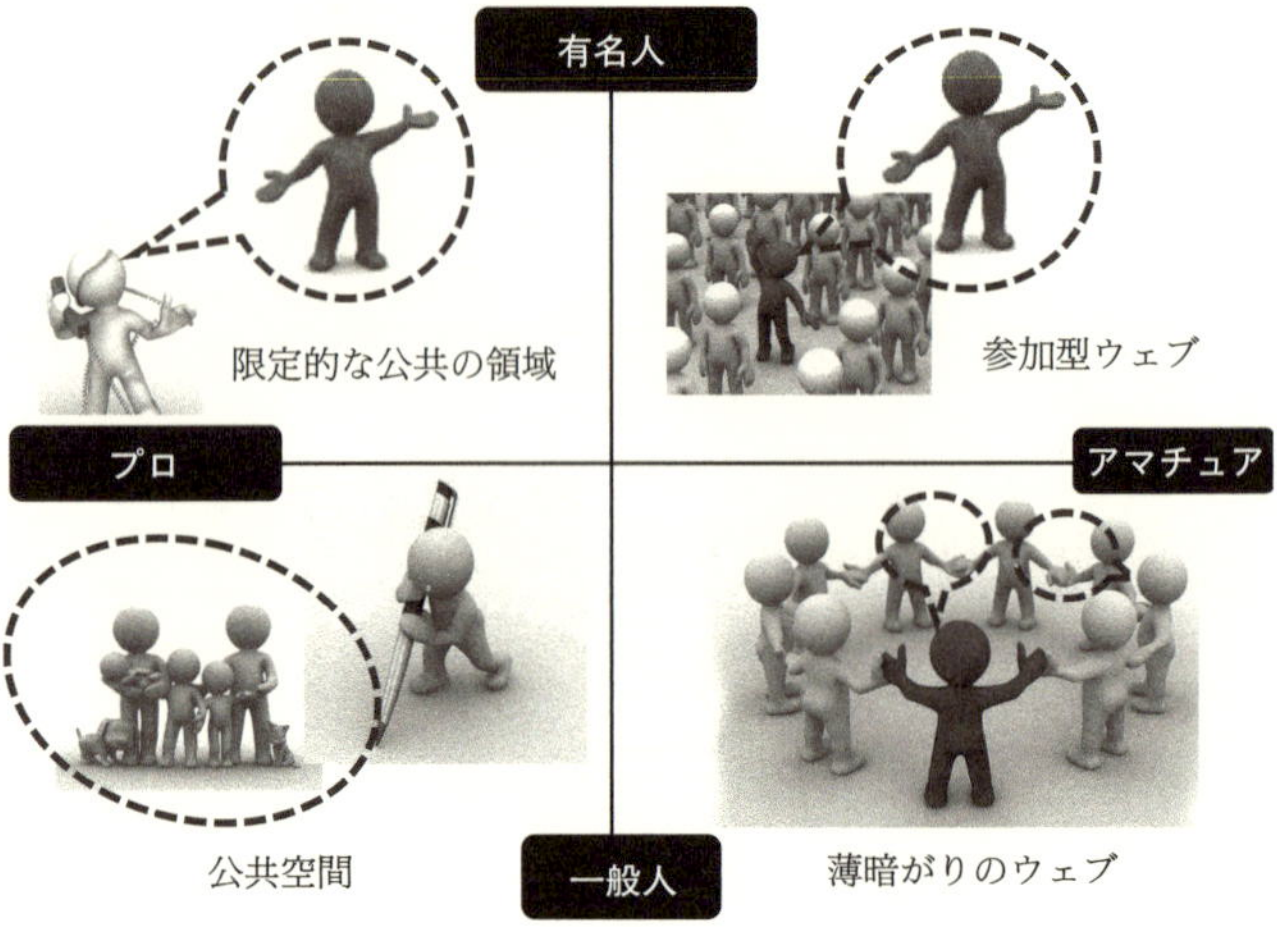

図１　公共の場における４つの発言形態

一般人の目につく領域に入らないようにするために、インターネットでは、利用者の自己組織化された活動に信頼が寄せられているのだ。これこそが、デジタル時代における言論の自由の栄華と災厄である。

四つの発言形態

こうした変化を理解するために、インターネットによって拡張された、人目に触れる領域での発言を図式化してみた。まず、発言する人物と、発言の話題にされる人物を考えてみよう。発言する人物については、公的な発言をおこなうプロと、単なるアマチュアに区別できる。また、発言の話題にされる人物については、公共の領域で知名度のある有名人（政治家、企業経営者、専門家など）と、特別に注目の対象とならない一般人に区分できる。これらの配役により、発言をめぐる四つのタイプを図式化したのが図1である。

この図を眺めると、公共の場における発言形態をめぐる論争の根拠として、二つの原則が対立していることがわかる。すなわち、発言する人物の言論の自由と、発言の話題にされる人物のプライバシーの保護である。しばしば指摘されるように、プライバシーの保護が自動的に確保されることは、期待できない[42]。プライバシーの保護は、他の権利の行使（とくに言論の自由）を制限することによってのみ意味をもつ。そこで、発言をめぐる四つの形態の機能を眺めてみよう。図1の左側にある二つの象限は、マスメディアとともに登場した従来型の公共の場である。

特別な代理人のための公共の場

十八世紀に誕生した「限定的な公共の領域[43]」は、十九世紀になってジャーナリスト、知識人、専門家とともに形成された。公の場で発言することは、彼らの特権であり、その目的は、政治家や企業の経営者など、公的な人物の活動を報告することにあった。この環境での言論の自由は、他のすべての配慮に勝り、（言論の自由が、名誉毀損やプライバシーの尊重によって損なわれることがあるとしても）特別に保護された。民主主義と公共の利益を理由に、言論の自由は奨励された。

とはいえ、公共の領域で私的な意見を表明する場はなかった。また、公けにするべきではないことは、締め出された。私的な意見は、存在してはならなかったのである。

このような公共領域の拘束的な形態と並行して、十九世紀には新聞や写真が発達したため、プロが一般人に関する情報を公開するという、これまでとは異なる発言のあり方が登場した。この形態によって、一般人にも公共の領域の扉が開かれた。パパラッチ〔有名人をつけまわし、彼らのプライベートな光景を撮影するフリーのカメラマン〕の時代になると、十九世紀末からの報道写真のブームによって、社会的な不安が増大した。このような議論がきっかけとなって、市民のプライバシーを法的に保護するための基盤がつくられた。

三面記事を渇望するジャーナリズムが発展したのも、この時期である。一八九〇年には、サミュエル・ウォーレンとルイス・ブランダイスが、「そっとしておいてもらう権利」(44)というものを理論化した。一般人の活動は、必ずしも公共の利益に属するものではなく、また大衆の視線はあまりにも暴力的であるため、そのような侵入から一般人の存在を保護するためのシステムがつくられた。匿名性、人物の肖像権、プライバシーの保護のために、法的な保護措置が創設されたのは、このような枠組みにおいてである。

今日では、一般人が公共の場に現われて人目に触れることについては、感覚の変化が確認されている。自ら進んでメディアに自己をさらす傾向が強まる一方、矛盾したことに、メディアが私的な個人情報を利用することに対しては、人々は著しく不寛容な態度をとるようになった。ジャーナリズムにとって、一般人に証言してもらうこと、一般人に関する三面記事を作成すること、彼らを撮影することは、以前よりもさらに難しくなった。この場合、相手からきちんと承諾をとりつけるか、匿名の厳格なルールに従わなければならない。

反対に、メディアは、同意した一般人の私生活を見世物にするというリアリティ番組〔五六ページ参照〕の制作によって、儲かる市場をつくり出した。この変化は、次のように解釈できる。個人は自らのパーソナリティを、自分が選んだ時期と形式に従って、自分自身でさらけ出したいのであり、個人の生活に関する権利をメディアへ安売りすることは、拒否するようになった。こうした要求が生まれたのは、自分自身のイメージ・コントロールにおいて、本人の同意が占める部分が大きくなってきたからでもある。個人は表現自体ではなく、表現を操作する人物に対して猜疑心を抱くようになったのである。

十八世紀末から十九世紀末にかけて登場した、図1（六六ページ）の左側の象限に位置する「限定的な公共の領域」と「公共空間」における発言形態は、特別な代理人だけが利用できるように、情報の生産コストや配信コストを口実にしながら、長年にわたって我々の公共空間の範囲を描き出してきた。しかし、インターネットが登場して発言の新たな形態が生まれ、公共空間は拡大したのである。

市民ジャーナリストのブロゴスフィア

三つめの象限（図1の右上）では、アマチュアであっても公的な人物の活動を報告しながら、人々の目につく領域に参入することができる。情報の生産者やコメンテーターが新たに登場し、彼らが公共空間の扉をけたたましく押し開けた。ジャーナリストが報酬を得て記事を書くという著作物と並行して、「市民のブログ集合体（ブロゴスフィア）」には、社会的議論に対して専門家の知見を紹介する、地域住民だけが知っている情報を提示する、普通の市民が時事問題についてコメントする、国際的な問題に対して活動家が集結する、などのコンテンツが豊富にある。市民のブログ集合体は、さまざまな出来事（イラク戦争、ロンドンのテロ事件、アジアの津波、総選挙など）の後に、大勢の人々が閲覧するようになった。

こうした公共空間の拡大は、我々の社会において民主化が切に期待されていたことに対する回答でもある。これまで我々の社会は、公共空間の気密性の維持を目指す〔プロによる〕貧弱な批判のなかに閉じ込められてきた。セロ・ルミュー〔現代フランスの社会学者〕が示唆しているように、疲れ知らずのコメンテーター、雑文を書きなぐる者、妄想に取りつかれた専門家、一切の妥協を許さない論者など、デジタル・スペースにおける新たな登場人物は、フランス革命前夜に、パンフレット、歌、風刺文書を利用して貴族のもつ権力をからかった、『ルイソーのルソー（Rousseau des ruisseaux）』〔十八世紀のフランスの詩人であり風刺作家であったシャルル・テベノーの作品〕に相当するかもしれない(45)。

「市民ジャーナリスト」に関する調査はほとんどおこなわれていないが、数少ない調査によると、彼らの役割は社会学的には新聞や出版に近く、また彼らはプロ化しようとして、しばしば苦労しながら新聞社や出版社の人間と似たような努力を重ねているという。したがって、新たに登場したブログ集合体は、我々全員をジャーナリストに変えているわけではない。実際、〔ジャーナリストとして活動する〕「市民ブロガー」の人数は、相変わらずささやかなものであるが、彼らは、新たな情報を生み出すというよりも、時事についてコメントしたり、従来型のメディアがあまり扱ってこなかった分野に特化したりしている。また、プロのジャーナリストと密接な相互依存の関係を維持している場合もある。(46) とはいっても、公共の場で発言する機会を得た人数が少なからず増えたため、ジャーナリズム全体の構図は変化した。

「市民ジャーナリズム」の登場により、さまざまな問題が生じた。例えば、次のようなものである。ブロガーにも、プロのジャーナリストが持つ保護を付与するべきだろうか。ブロガーにも、記者会見に参加できる記者証のような特権を与えるべきだろうか。ブロガーは、自分たちの言論の自由を奪おうとする公的な人物の圧力に対して、どのように対処すればよいのだろうか。

ブロガーが訴えられたとき

ブロガーが訴訟に直面した場合、彼らには報道機関による財政的および法的な保護はない。例えば、二〇〇四年にピュトー〔イル・ド・フランスの都市〕の市長は、クリストフ・グレベールという人物を訴えた。その理由は、グレベールが自分のブログで、証拠を並べ立てながら市の行政を徹底批判したからである。長い審議を経て、グレベールは放免された。今後、公共の利益を訴えるアマチュアの発言が、従来型の公共空間に課されてきた良識、品格、公平さ、真実という規範を必ずしも満たしていないとしても、誰もがこうした発言にアクセスできるようになる。こういう発言こそが、世間の議論や文化一般を徐々に愚劣化させる原因である、と主張する者もいる。(47)

フランスでは、サイトのホスティング・サービス〔所有するサーバー・コンピューターの容量を顧客に貸し出すサービス〕をおこなう「アルテルン（Altern）」というサイトを運営していたヴァランタン・ラカンブルという人物が、他者に代わって、この新たな自由の代償を支払った。事の顛末は次のとおりである。一九九九年二月、ラカンブルは、ホスティングしていた四万七千あるサイトのうちの一つが、エステル・アリディ〔フランスのトップモデル〕の盗撮ヌード写真を本人の承諾なしに掲載したため、裁判所から四十万五千フランの支払いを命じられた。(48) このサイトは、シルヴァーサーファーという偽名を使う身元のわからない人物のサイトであった。インターネットの自由を擁護する活動家たちによる熱心な支援にもかかわらず、ヴァランタン・ラカンブルは、アルテルンを閉鎖せざるをえなかった。

二〇〇〇年代に入ると、このような出来事が多発した。問題となったのは、新たな情報生産者は、「限定的な意味合いの公共空間（ジャーナリズムの権利、プライバシーの尊重、インターネット利用者の身元確認など）」の厳格な法的拘束に従わなければならないのか、という点であった。ホスティング・サービスの提供者に、報道機関と同じ法的責任があるとすれば、インターネットに渦巻く熱狂的な独創性は脅かされるであろう。

しかしながら、アルテルン事件では、司法当局は妥協を余儀なくされた。すなわち、著作物に対する責任は、著者ならびに編集者だけにあり、ホスティング・サービスの提供者は、不法なコンテンツが含まれていることを知っている場合のみ、責任が問われることになったのである。このような妥協案は脆弱で、絶えず批判にさらされているが、インターネット利用者の表現の自由は、とりあえずは保護されたといえよう。国民議会の議員や上院議員が、インターネット利用者の身元確認を徹底させるべきだと、事あるごとに訴えたとしても、インターネットの威力を存分に発揮させるために、インターネットにおける主観性の解放にはある種の匿名性が必要であるという考え方が、今後は主流になるであろう。

「薄暗がり」のウェブ

アマチュアが公共空間に参入したのは、「市民」として公共の出来事について情報発信したり、意見を述べたりすることを目的としているからだけではない。ウェブの人目につく領域に新たに参入してきたほとんどの者たちは、自分自身のこと、自分の家族のこと、自分の気持ち、自分の趣味などについて語った。フランスでは、これまでラジオ番組の司会者メニエール・グレゴワールや、テレビ番組の司会者ミレーユ・デュマなどが、大手メディアにおいて自己の内面の探求をテーマとした番組を制作してきたが(49)、新たに参入してきた者たちは、前述のジャーナリストたちが担ってきた自己を演出する役割を、自分たちで引き受けることにより、自分自身で自己の内面を外にさらけ出すようになった(50)。

図1(六六ページ)の四番目の象限では、一般人が一般人について、他の一般人とともに語り合う。要するに、個人のおしゃべりである。彼らは、身近なネット仲間以外に、誰が見聞きしていようとほとんど気にしない。薄暗がりで交流する主人公たちは、このような交流が成り立つのは、人目につくのが限定的な、このような領域においてであると信じているようだ。

この薄暗がりのスペースでは、インターネット利用者全員は、露出狂であると同時に覗き魔になる。前述した一般人とジャーナリズムの関係と同じように、彼らは表現の自由とプライバシーの尊重という権利を、同時に主張する。こうした「プライバシーのパラドックス」は、ウェブの民主化および大衆化の帰結である。

インターネットをめぐる、この対立する概念に応じて、二つの道筋を描き出すことができる。一つめの道筋では、インターネットを既存のメディアと捉える者たちが、インターネットの民主化は閲覧者の拡大の反映にすぎないと考える。そこで彼らは、広告が踊るホームページに、ネットの閲覧者を再び引きずり込もうとする。もう一つの道筋では、ウェブを、読者と編集者との間にある垣根を破壊する革命であるとみなす者たちが、誰もが情報の媒介者と知識の生産者になれるデジタル・スペースを夢見る。この道筋では、ネットの閲覧者である利用者が、自分たちの私生活が脅かされると感じることはあまりなく、また編集者は表現の自由を利用する。

しかし、インターネット利用者の人数が増加したため、彼らは受け身の閲覧者でも、強力に貢献する者でもなくなった。若年層で、教育程度が低く、多様な社会的出自をもつ層から構成される新たなインターネット利用者は、自分の存在価値を築きながら、おしゃべり、からかい、情報拡散のために、近しい仲間同士でグループをつくった。記事を書くというよりは、親しい仲間内のおしゃべりに近い、ちょっとした発言を通じて、彼らは、特別な社会的空間として、インターネットをわがものにした。インターネットの利用を民主化するうえで、このようなおしゃべりのためのインターネットは、決定的な役割を担った。

新たなインターネット利用者は、単なる「きわめて公共性の高い広場」としてだけでなく、従来の選択規準に従わなくても発言できる〝リビングルーム〟感覚で、インターネットを利用した。ところが彼らは、全員には見られたくないと叫びながらも、自由奔放に自己をさらすという、「プライバシーのパラドックス」を抱えこむことになったのである。

公私の断絶から連続へ

インターネットにより、見ることができるという可能性と、公共性は切り離された。パンドラの箱が開かれたのである。人々は、参加型ウェブではどんなことでも発言でき、薄暗がりのウェブでは自分の私生活を見せびらかすことができる。このような解放に危険性があることは明白である。そうはいっても前述したように、インターネットは、すべてを同じように可視化しているのではない。ウェブほど階層化された世界はないのだ。この階層化には、商売などの理屈が絡んだ戦略的な歪みが生じる恐れがあるとしても、この階層化はインターネット利用者自身による、事前合議のない全体の評価に基づいている。

このようにして、我々の公開に関する従来の概念は、インターネットによって一新された。なぜならば、インターネット利用者のリンクの貼り方によって、誰もが見ることのできる領域から薄暗い領域までというように、人目に触れる領域に階層をつくり出す方法は、公共の空間と私的な空間を区分する方法にもなったからである。このような分類システムの変化により、いくつかの結果が生じた。

一つめの結果として、公共の出来事と私事の断絶は、誰もが見ることのできる領域からあまり人目に触れない領域までという、目盛りのついた段階方式へと変化したため、公共の領域と私的な領域をめぐるせめぎ合いは、明確な選択から連続体へと移行した。だが、誰もが見ることのできる領域と、あまり人目に触れない領域との間に存在する中間領域については、それが公共性のある領域なのか私的な領域なのかという議論がおこる。これまで公共の領域と私的な領域を区分する際には、発言内容に関して何らかの規範的評価をともなっていたが、今後、誰もが見ることのできる領域とあまり人目に触れない領域を区別するのは、発言の中身にまったく無関連と思われるデジタルな集計結果にすぎない。

的確かつ質の高い情報を生み出す際に、少なくとも、その概略をつかむ段階では、大勢の不均質なインターネット利用者の判断を集計した結果を利用すれば充分である。ウィキペディアの記事のクオリティは、当該の記事にかかわった編集者の人数だけに依存する。[51] これは、統計を作成する際のデータ数との関係と同じ理屈である。多くの人々が注目や監視の対象にしたのであれば、その記事の信頼性は高い。つまりインターネットは、公表する情報が的確かどうかという中身に関する重要な判断を、組織化されていない個人の活動件数にだけ依存させることにしたのである。

こうした手続きの変更は実に大胆な試みであり、実際にはリスクの高い賭けであった。というのは、代表者との断絶を取り除く役割は、インターネット利用者に任され、彼らは、自分たちが重要と判断する情報やテーマを、自分たち自身で指し示すことになったからである。これまでは、その役割を任されていた人々が社会の代表を務めてきた。だが、こうした時代は終わったのだ。社会は、プロであるゲートキーパーの選択や価値観、また彼らの文化や政治によって計画されるものではなくなった。そうではなく、社会はインターネットを利用する市民に対して、自分たちのおしゃべりから社会的な選択肢を見つけ出すよう要求するようになったのだ。したがってインターネット利用者は、内輪だけの無駄話から抜けだして、自分たちの発言を公共の場に拡散させるための道筋を歩む必要が生じたのである。

第3章　薄暗がりのウェブ

二つの世界の接続

従来の公共空間でおこなわれていたおしゃべりは、インターネットによって薄明かりの中に現われた。我々の日常的な人間関係は、おしゃべりやちょっとした意見、何気ないユーモアに満ちあふれている。このような人間関係は、我々を内輪の集まりから、さまざまな社会集団へと結びつけ、依存関係を束ねていく。社会学者によると、メディアと政治に関する情報の受容は、受け身なものではないという。それどころか、個人は、しばしば家庭や職場で、あるいは友人たちとの語らいのなかで、自らも話題提供者になってきたのだ。[52]我々は、メディアが我々に語った、あるいは提示したことについて、距離を置いたり、信頼を寄せたり、また皮肉な眼差しを向け、あるいは情熱をもって、絶えず語り合ってきた。

インターネットが従来の公共空間にもたらした最も独創的な変化の一つは、このようなしばしば無意味なおしゃべりが可視化され、記憶にとどめられるようになったことだ。インターネットにより、これまで分離していた二つの世界は接続されたのだ。すなわち、情報の生産という世界と、普段のおしゃべりのなかでそれを受容するという世界である。

ところが、この二つの世界が接続されると、情報の受け手は、情報とその解説を、ありがたく、敬意をもって受け取ることがなくなった。そこで、情報を扱うプロの仕事ぶりも変化し、彼らは公衆と緻密に対話しなければならなくなった。

そしてまた、普通のおしゃべりも一変した。普通のおしゃべりは、自分をさらけ出し、話し手が議論の場を増やせるようにするための人目に触れるそれまでにない独自の領域を、このような無数の回路の中に見出したのである。自分を表現するこの新しい空間こそが、薄暗がりのウェブである。

ウェブ2・0――自己顕示とおしゃべり

ソーシャル・ネットワーキング（交流サイト）のプラットフォームは、ほんの数年のうちにインターネットの利用ばかりでなく、我々の暮らし、我々の友人関係、我々の愛情関係においても中核を担うようになった。(53) この転換には、はっとさせられる。二〇〇五年、世界中で最も閲覧件数が多かったサイトのベストテンは、イーベイ（ｅＢａｙ）、アマゾン、マイクロソフト、ＡＯＬなど、オンライン・ショッピングや商業ポータルサイトであった。二〇〇八年になると、これらのサイトは姿を消し、ユーチューブ、マイスペース、フェイスブック、ウィキペディアといったサイトが上位を占めるようになった。二〇一〇年になると、フェイスブックの利用者は、世界中で五億人に達した。ちなみに、フランスでの利用者は千七百万人である。

インターネットは、気晴らしのための巨大な中庭であり、交差点であり、おしゃべりのためのテーブルになった。若者が集まるスカイブログには、毎月百九十億のコメントが書き込まれる。学生のフェイスブックには、毎月二十五億枚の写真が新たに貼られるが、そのうちの一億三千万枚は、フランス人が貼っている。これらのサイトでおこなわれる最大の活動は、おしゃべりである。毎日、世界中で六千万個のツイッターのつぶやき（フェイスブックでのおしゃべりに役立つ）が投稿されている。今ではインターネット利用者は、電子メールよりもソーシャル・ネットワーキングのほうに多くの時間を費やしており、フェイスブックの閲覧回数は、グーグルを追い抜こうとしている。

単に量的な観点からみると、ソーシャル・ネットワーキングの人気によって、パソコンの利用形態は、根本的に変化したことがわかる。[54] ソーシャル・ネットワーキングは、距離感のある冷たい資料の世界とつながる開放的な扉ではなく、我々の日常生活における生き生きとした窓である。個人間の付き合い、さらには個人が主観的な意見を述べる際にも、インターネットが利用されるということは、人々が社会学的に変化したことの表われである。

実際に、ソーシャル・ネットワーキングが賑わっているのは、大勢の若い中産階級がインターネットを利用するようになったことを示している。[55] 西側諸国における情報格差（デジタルデバイド）は、ネットに接続したパソコンの利用率というよりも、操作方法、自分を登場させる形式、相互作用のあり方に関する、エリートと大衆の違いとして表われる。今後、個人の社会的および文化的な格差は、オンライン内での行動様式にも表われる。情報格差が生じたのである。

「ウェブ2・0」（情報の送り手と受け手が流動化し、誰もが情報発信できる状態、というのが初期の定義だが、最近は明確ではない）とも形容されるこの転換は、個人の社会的および文化的格差を普遍化させながら、インターネットが誕生したときからすでに存在していた行動様式を押し広げていったにすぎない。この転換がウェブに刻み込んだおもな変化は、これまで別の空間でおこなわれていた内輪のおしゃべりを、自己の露出と密接に結びつけたことである。このちょっとした結びつけが、インターネットの社会学に決定的な影響をおよぼした。

これまでは少人数でのおしゃべりこそ、インターネットを利用する際の原動力であった。世界中でインターネットが静かに普及したおもな仲介役は、電子メール（個人同士のやり取り）であった。電子メールによる文通がはじまると、承諾を得てメッセージの内容を転載するミクロな公衆が続々と誕生した。次に、ウェブに日常のおしゃべりを浸透させることになったチャットやインスタント・メッセージなどの、グループ・コミュニケーション・ツールが登場した。[56]最後に、ネットの先駆者たちのおもな交流の場であったユーズネットのフォーラムや、初期のオンライン・コミュニティである電子掲示板（ＢＢＳ）により、議論のテーマごとにインターネット利用者が集結できるように、開放的であると同時に閉鎖的なスペースが提供された。

インターネットが「コミュニティ」としての側面をもつことについては、さまざまな意見があるが、コミュニティとしての側面をもつようになった主因は、私的なコミュニケーションを仲良しクラブ的な伝達経路に限定しつつも、自分たちのコミュニケーションを他者と共有するために、それを保護してきた閉じた経路から解き放ったからである。

ブログからフェイスブックへ

おしゃべりが公けに登場したことと並行して、インターネット利用者は、匿名で自分の私生活や想像の世界をさらけ出すようになった。こうした実践により、ＭＵＤ（multi-user-dungeons）という初期のオンライン・ゲームには独創的な人物が登場し、インターネット・リレー・チャット（ＩＲＣ）の公開チャンネルでは、白熱した議論が繰り広げられた。

このような実践には、ウェブ・カメラも利用された。ジェニファー・リングレーという若いアメリカ人女性は、一九九六年から二〇〇三年までの期間、ウェブ・カメラを使って自らの私生活を公開し、とくに現代アーティストたちの間で評判になった。[57]

しかし、大規模に自己の露出がおこなわれるようになったのは、個人のホームページにおいてである。[58] 一九九九年に誕生したブログ集合体には、非常に異なる二つの方向性があった。活動的できわめて目立つ少数派が、時事や政治についてコメントしはじめた一方で、その少数派よりも圧倒的に目立たない集団は、自分たちの私生活を公開しながら拡大し続けた。内輪のもめごとについての証言、妊娠日記、あらわとなった性欲、夢想や詩をつづりながら日常生活を物語る、というようなものが公表され、我々はこれらのレポートにアクセスできるようになった。すなわち、インターネット利用者の生活の内部が、徐々にウェブ・ページを占拠しはじめたのだ。

周囲の視線を避けながらも、素性もわからない大衆に自分の特異性を認知させたいという個人の欲望は、柔軟で目立たないデジタル・スペースにすぐに共鳴した。ウェブに自分を公開する日記ふうのブログ形式は、初期のころは日記を小瓶に詰めて大海に投げるというイメージであった。ところが、自分のメッセージを聞いてほしいという願いは、ウェブの柔軟性によって発展を遂げたのである。インターネット利用者は、とくにメディアを通じて社会全体にそのような願いを波及させることができるため、自己の探求（祈りや日記）といった古典的な行為や、治療あるいは救済手段（精神分析や懺悔）から解放されたのだ。[59]

オンラインでこうした自己のオートフィクション（自己について語るが、フィクションを交えて物語る）づくりに打ち込むインターネット利用者には、見知らぬ人物に自身の存在を語るための、機敏に物語る能力、ならびに周囲の討論に交わる心理学的な素養が必要であった。しかしながら、活発で想像力にあふれる、自分の内面を語るブログ集合体には、文章力があって時間もある、公共空間において自己を他者と共有してそのような能力や素養をもつ、熱心なアマチュアに限定された公衆しか集結しなかった。[60]

ところが、インターネットが現実主義へと転換したため、インターネット利用者が自己の内面を公開する対象は、匿名の大衆から自分の仲間内へと変化した。ソーシャル・ネットワーキングの斬新な点は、おもな操作ツールとして友人リストを作成した点にある。[61] フランスでは、スカイブログ（フランスでは中・高生の二人に一人が加入している）など若者のブログ・サイトの賑わいにより、マイクロソフトのインスタント・メッセージのツールであるMSNでおこなわれていたような仲間内でのおしゃべりが、自己の物語とつながった。[62]誰でも、アメリカで暮らす無作為に選んだ人物に徐々に到達できるという、スタンレー・ミルグラムの「六次の隔たり」（人は自分の知り合いを六人以上介すると、世界中の人々と間接的な知り合いになれるという仮説）からヒントを得た、クラスメイツ（一九九五）やシックス・ディグリーズ（一九九六）などの初期のソーシャル・ネットワーキング・サイトにより、インターネットが大衆化されていった。

しかしながら、現実の生活で身近にいる人々を結びつける「友だちづくり」の機能をもつ人脈サイトが登場したのは、二〇〇三年になってからである。例えば、ビジネス専門のリンクトイン、草分け的存在のフレンドスター、韓国のサイワールド、覇権を握るフェイスブックなどである。これらのソーシャル・ネットワーキング・サービスでは、インターネット利用者は、まず自分の身の回りの人々、友人、職場の同僚、さらには見知らぬ人々と「友人」関係を築きながら、根気よく築いたネットワークを使って、さまざまな人物とコミュニケーションをとるために、自身がもつ個性の特徴を公開しはじめた。

自己の公開が、未知の人々ではなく、身の回りの人々に向かうようになったとき、自身のアイデンティティを描き出す方法は、顕著に変化した。インターネット利用者は、自らの日常の出来事を打ち明け、自分の活動をリアルタイムで語り、毎日のように写真を公開し、己の信条や野望を語り、個人の趣味や悩みを書き込んだ。反論を口にする可能性もある身の回りの人々の視線にさらされたこれらの情報は、現実に即するという、かなり絶対的な拘束に従わなければならない。このような環境で自身のアイデンティティの特徴を自由にもてあそぶことは、はるかに難しい[63]。

自分の内面を語るブログでは、インターネット利用者は、未知の人々と自己の内面を共有するために、文学的および心理学的な素養を利用した。自分たちのヴァーチャルな交流は、会うことなどないとわかっているから打ち明けられる、いわゆる「電車のコンパートメントで出会った見知らぬ人との交流」のように、身の回りの人々との交流よりも真摯で偽りがない、と感じられることもあった。

これとは逆に、ソーシャル・ネットワーキング・サービスでは、参加者は、身の回りの人々の前で、また彼らのために、自分のイメージや評判、さらには名声を彫琢し続けることになる。自己の公開と日常のおしゃべりを再び結びつけたソーシャル・ウェブが、普通の暮らしの実践のなかに組み込まれ、物語ふうに自己を構築する作業が大衆化されたのだ。まず、ソーシャル・ウェブによって、文化資本に乏しいインターネット利用者が、ブログの編集よりもずっと手軽で短い簡単な形態で登場した。ウェブでの公表は、書き言葉ではなく、おしゃべりになった。つまり、社会的に選択された者がおこなう執筆作業ではなくなったのである。

次にソーシャル・ネットワーキングでは、インターネット利用者は検索エンジンを介してウェブの世界をさまようことなどなくなった。ソーシャル・ネットワーキングの参加者たちは、グーグルなどの検索エンジンが対象とする、すでに決まった何かを探し求めているのではない。彼らは自分たちの興味を引くことを見つけるために、ウェブに訪れるのだ。つまり、ウェブの役割は、図書館から領土になったのだ。インターネット利用者は、自分の身の回りの人物のホームページをさまよいながら、自分では事前に考えてもいなかった、自分が探し求めていたことを発見する。偶然による発見を意味する「セレンディピティ」〔何かを探しているときに、探しているものとは別の価値あるものを見つける能力〕という奇妙な用語が、こうした現象をうまく言い表わしている。

すなわち、情報を発見するためには、キーワードを通じてではなく、友だちのナビゲーションによって切り開かれた道筋を辿ったほうが、便利な場合もあるということだ(64)。

領土を再整備するための本格的な道具であるソーシャル・ネットワーキングにより、匿名の世界は、お馴染みの人物が登場する空間になった。

自己をつくり出しながら公開する

個人がインターネットで自己を公開するようになったのは、我々の社会において「関係性が純化している」からであるという[65]。インターネット利用者は、自らが望むイメージを自分自身でつくり出しながら、自己の個性がもつ特徴をウェブに託す。そしてこれを自分たちの仲間に認知させようとする。自己を公開するのは、現実のアイデンティティとウェブのアイデンティティが一致するときよりも、このような認知メカニズムによる（したがって、ネットに掲載されている個人情報を保護するべきだとする議論を、文字通りに受け止めるのは、あまりにも世間知らずである）[66]。

例えば、出会い系のサイトでは、提示された体重が実際の体重と一致しないことがある。そうだとしても、この不一致を騙しや嘘と解釈するのは誤りであろう。提示された体重は、その人物が探し求めたパートナーと出会ったときに、自分がそうありたいと真撃に望む体重であることが珍しくない。個人が掲げるウェブのアイデンティティは、本当でも嘘でもない。それは反射的な自己の製造計画であり、他者の認知においてのみ成立するのだ。(67)

この現象は、現代の個人主義の変化に関するいくつかの側面を含んでいる。個人のアイデンティティは、現状よりも過程として、つまり本人の現在の社会的地位というよりも、本人が今日取り組んでいる活動によって表現されるようになったのだ。また、アイデンティティの創作は、デジタル技術がもつ可能性とも密接なつながりがある。というのは、デジタル技術の柔軟性や双方向性は、このようなアイデンティティの構築にとって、格好の条件だからだ。アイデンティティの構築は、自己の（再）創造という継続的な過程とみなされているのだ。

インターネットのソーシャル・ネットワーキングにおける自己の公開は、人とつながるテクニックである。他者のコメントが得られないブロガーは、すぐに公開するのを止めてしまう。この法則は、インターネットにおいて個人が利用する表現形態の、ほぼすべてに当てはまる。

したがって、自己の公開を現代の個人主義が生み出した病理であると嘆く人々がいるが、彼らが指摘するように、自己の公開を、自己陶酔する孤独な人物による思慮を欠いた行為であると切り捨てることはできない。インターネット利用者は、自分たちが公開することと隠したほうがよいこと、公開の方法、自身がもつ特徴のどの面を、誰に公開するのかといったことを、常に「計算」している。インターネットという流動的で無数のつながりがある空間において、この制御しようとする気持ちは、きわめてはかないものであったとしても、それは戦略である。たとえ不完全な戦略であったとしても、それは、十五分間の名声〔アンディ・ウォーホールの「誰でも十五分間は有名人になれる」という発言から〕を勝ち取ろうとする、世間知らずでくだらない自虐的な行為などではない。[68]

ウェブでのアイデンティティを構築する際には、さまざまな変数が登場するが、インターネット利用者は、身の回りの人々とのおしゃべりに役立つアイデンティティの特徴と、同じ関心をもつ人々と情報をわかちあう際に役立つアイデンティティの特徴とを使い分ける。[69] 前者の戦略は、とくに薄暗がりのソーシャル・ネットワーキング・サイト（スカイブログ、サイワールド、フレンドスター、フェイスブック）において利用される。後者の戦略は、音楽であればマイスペース、写真であればフリッカー、ビデオであればデイリーモーションなど、大衆が見ることができる領域において計画的に利用される。[70]

ところが、インターネット空間では、可視化領域が階層化された構造になっているために、多様な公衆を取り込んでいくことが可能である。[71] この二つの世界は、互いに溶解することがなくても、かなり似通っているため、両者の間には互いに往き来する道筋をつくり出すことができるのだ。

多様な自己を許容する

薄暗がりのウェブでは、インターネット利用者は、「世論」という抽象的な対象に訴えかけているのではない。彼らが自分の考えを述べる際には、まず、自分の身の回りの限定された集団を思い描く。たしかに彼らは、公共の場で発言している。だが、彼らが考える公共の場は、完全に閉じた世界ではないものの、互いに知り合いである領域、ある程度囲い込まれた場所、自分の意見が消え失せることなく自分の区域に残される領土である。インターネット利用者のおしゃべりは、距離感のある公的な発言というよりも、日常会話の形態に近い。

けれども、インスタント・メッセージの「閉じた空間」とは異なり、仲間内のこうした会話は、ある程度外部に開かれている。こうした会話には、見られたり、または少なくとも周辺の公衆と接触する可能性が残されている。例えば、ソーシャル・ネットワーキングにおいて心の内を正直に明かす中学生たちに対し、自分たちのサイトは同じクラスの友だちだけに限定して公開するように、と忠告しても無駄である。なぜなら彼らは、自分たちにとって重要なのは、「年上」からのちょっとしたコメントであると考えているからだ。[72] 誰ともなく語り合うウェブでの会話は、パーティで友だちや知り合いがおしゃべりしているのに似ている。つまり、パーティ会場への出入りは自由であり、そこを通りがかる者は、彼らの会話の断片を聞き取ることが可能であるという状態だ。[73]

公共の場における私的なコミュニケーションは、インターネットのソーシャル・ネットワーキングとともに登場した、最も独創的な交流形態の一つである。二人のインターネット利用者はおしゃべりするが、彼らは自分たちのプライベートな交流から生じる、人目に触れる領域をうまく操りながら、感情をあらわにしたり、装ったりしながら、それを他者の前でやってのけるのだ。彼らは、互いのページに短いメッセージを残す。それは、コメント、励ましの言葉、愛情や友情のしるし、冗談、あるいは音楽ビデオのリンクなどである。

この奇妙な劇場型ゲームでは、利用者は潜在的な観客の前で公然とおしゃべりしながらも、密談の真似事をする。通りすがりの観客の前でポーズをとり、内輪だけで通じる冗談を飛ばし、当てこすりを連発する。このような公共の場での私的なコミュニケーションにより、受け手だけでなく、これらの観客に対しても、困った出来事、自慢話、笑い、喜びなど、小さなグループ内部における認知行為の繰り返しといえる、あらゆる活動が生み出される。そうしたコミュニケーションにより、人々が他者の前で自分のイメージを絶えず演じ再演する、極小の舞台が展開される。

現実の世界以上に当てはまることとして、インターネットでの評判は、社会的に帰属する地位から導き出される結果ではなく、個人が継続的に成し遂げた作業の帰結であるということだ。この目立ちたがりやの過程は、次のような結果をもたらした。すなわち、本人の現在の活動が重視されるようになったため、自己紹介という作業がもつ従来の社会的な役割や、自己紹介する際に個人がもつ機能の区分の仕方について、再考が促されたのである。

個人化が進行した影響から、人々は自分が背負う社会的な役割を、変わらない状態で維持することをためらうようになり、とくに自分のアイデンティティのあり方に柔軟性を持たせたくなったのだ。つまり、家族関係、友人関係、職業関係に応じて、異なるアイデンティティを掲げたいという願望を抱くようになったのである。インターネットがつくるネットワークの世界では、こうしたゲームこそが、開放的で「クールな」態度とみなされる。すなわち、距離がありながらも身近であり、真面目でありながらも怪しげであり、抽象的な存在でありながらも頼りになる、というような存在にならなければならないのだ。

従来の固定した役割をもつことが避けられるようになったのは、それが自分の役割にそぐわなくなったからではない。自分にぴったりの戦略や型にはまった形式から自己を救済するというイメージで、自分自身を製造しなければならなくなったからである。要するに、自分自身の表象という「コントロールできないものをコントロールする必要があるる」わけである。(74)

インターネットの利用があってこそ、個人は自己の多元性に対して寛容な態度をとるようになった。これは現代文化の特徴の一つといえる。(75)自分の要求を聞き入れてもらうために一つの役割を演じきる、という必要がなくなったのだ。例えば、個人情報の保護や、「忘れてもらう権利〔一定期間を経た情報をネットから削除するよう要求できる権利〕」

に関する議論では、友人たちと馬鹿騒ぎしていた写真がインターネットに掲載されたままになったために、その写真が原因で就職試験に落ちた者の事例が紹介された。しかし今日では、変化しなければならないのは、採用担当者の判断基準や、個人の多様性に関する雇用主側の理解のほうであろう。

公共空間の拡大にともなって、我々はこれまで目にする習慣がなかった他者の暮らしの、さまざまな側面に接するようになった。つまり、この現象は、個人が自分の社会的なイメージを固定しなくなったというよりも、むしろ他者の多様性が突如として許容されるようになったことを示していると思われる（だが、この許容の度合いは〔受け取る〕人によって異なる）。

個人情報の漏洩

交流の空間と、公共の空間との間に無数の通路ができあがったため、誰もが個人情報を目にすることができる恐れが生じた。個人情報のデータに関する議論では、国家や企業の「制度的な監視」に加えて、今日では「個人間の監視」という新たなタイプの監視が話題になっている。[76] 人脈づくりのサイトが利用者に監視道具を提供したために、誰もがこれを利用できるようになった。したがって、人脈づくりのサイトなどで自己を公開すると、親類、近隣で暮らす人々、職場の同僚や雇用主の目に触れる恐れが生じる。[77] フェイスブックが、こうした水平全展望型の新たなシンボルであることに異論の余地はない。学生を対象とした調査によると、彼らは、企業や政府よりも、自分たちの身近にいる権威（親や教師）のほうが、はるかに大きな脅威だと感じているという。[78]

分散化された手法によって、全員が他者および自己を絶えず監視するようになった。したがって、規律の社会から管理社会へ移行するというドゥルーズの予言は、現実味を帯びてきた。国民の政治活動や買い物の履歴が、これまで以上にはっきりと残るようになった。国民自身が自らの個人情報を公開し、他者の情報や活動に貪欲な興味を示すようになった時代には、制度的に監視されるリスクを、どのようにして国民に周知させればよいのだろうか。

発言の形を柔軟かつ多孔的に変化させたインターネットは、社会の「透明度」を最大限に確保することを目指して、情報の流通を促した。そしてインターネットは、これまで技術的、法的、制度的、商業的な防波堤によって囲い込まれていたあらゆる価値ある情報を、広く流通させることに貢献した。このような価値ある情報の解放により、非物質的なものに価値を見出す認知経済の従来の境界は激しく揺さぶられ[79]、また「市民による検証」に新たな情報源が提供されたため、批判のスペースは押し広げられた。

ところが、このような情報の解放が原因になって、個人情報も激しく流通するようになった。したがってインターネット利用者は、自分の私生活に関してさらなるリスクを負うことになったのである。行政当局、雇用主、資産状況を探る人物などが、インターネット利用者がネットでのおしゃべりの狭間に残す情報を、まったく異なる文脈で利用する可能性も出てきた。

メーターで測る「友人」競争

友だち同士のおしゃべりは、より広く多様な公衆に接触することになった。だが、これらのおしゃべりは、どのようにして自らの囲いから抜け出すに至ったのだろうか。インターネット利用者は、自己の人脈を拡大するために、自分自身が公開するアイデンティティの範囲も拡大しなければならなくなった。このような動きは、ウェブにおける表現力豊かな活力になっている。多くの調査によると、公開されている個人情報が多ければ多いほど、人脈づくりのサイトでのコンタクトの回数は増えるという。したがって、新たに「友だち」を獲得するためには、自分をさらけ出さなければならないのだ。(80)

また、ソーシャル・ネットワーキングの規模は、サイトの性格によって著しく異なる。既存の人脈がつながる「薄暗がり」のサイトでは、似た者同士の小さな集団ができあがる。彼らはしばしば、互いに身近な存在であり、強い結束力をもつ。(81) これとは反対に、アクセスの回数が多く、現実の世界では見られないほど多様で驚きに満ちた、拡張された交流ネットワーク・サイトもある。(82) しかし、これらのサイトでは、参加者は自分のアイデンティティをさまざまな手法で構築する。マイスペース、フリッカー、ツイッター、デイリーモーションなどでは、彼らは自らの私生活よりも、自分の情熱、アマチュアとしての活動歴、現在の関心事などを公開する。

利用者は、自分が人目に触れる領域を拡大するために、不特定多数を対象とするマスメディアではなく、マイクロメディアという手法によって、自家製の価値ある情報を公開しなければならない。これは、自分のアイデンティティに特定の方向性を与えることになる。ソーシャル・ウェブのツールの多くは、日常生活ではたどり着けないかもしれない人脈にまで、利用者のおしゃべりを拡大させるために開発された。インターネット利用者は、自分の趣味を公開し、他人が書いたものにコメントし、コメントや音楽を評価し、情報にアクセスするためのリンクを貼る。このようにして自分が人目に触れる領域を拡大する彼らは、自分のおしゃべりネットワークを拡張していく。彼らは、自分が実際に身を置く公衆よりも、地理的、社会的、文化的に、はるかに不均質な公衆にアクセスできるようになった。

したがって、ソーシャル・ウェブの利用者は、マトリョーシュカ人形〔ロシアの何重にもなった木製の入れ子人形〕のように漸次拡張していくことによって、自分にとっての公共の区域を構成していくことになる。彼らはソーシャル・ネットワーキング・サイトの種類によってつくり出された、かなり強い結びつき（家族や親友）、強い結びつき（友だちやソーシャル・ネットワーキングで知り合った恋人）、状況に応じた結びつき（会社の同僚、スポーツ・クラブやコーラス・グループの友だち）、便宜的なつながり（素性がよくわからない知り合い、知り合いの知り合い）、ヴァーチャルなつながり（何らかの共通の関心事があったのでネットで知り合った人物）を結びつける。「本当の」友人、「楽しい」友人、「便利な」友人、「何らかの目的に特化した」友人、「手段となる」友人を混ぜ合わせながら自分の人脈を拡大しようとする誘惑に、利用者全員が屈しているわけではないが、彼らにはこうした誘惑がついてまわる。

このような「友人」競争は、フェイスブックなどのメーターによって刺激される。このメーターは、評判を求める個人にとって、自己を計測する新たなモノサシになった。だが利用者は、本物で偽りのない友人の価値を高めるために、そうした「友人づくり」を馬鹿にしたがる。彼らの社会生活の多くの点において決定的な役割を演じるのは、近隣の人々、身内、誰かを介しての知り合い、あるいは単なる知り合いであることに変わりはない。(83) 矛盾したことに、個人がモバイルで多様な暮らしを送るようになればなるほど、特別で一徹な友情という理想が大切にされるようになる。しかし、我々が友情という感覚を理想化してしまうと、複雑化、不安定化、流動化した現代社会では、目的や状況に応じた友情関係が推し進められるだけである。

往還運動から浮かび上がる自己像

ソーシャル・ウェブにおいて人目に触れる領域を広げようとする動きは、実際の交流に、日和見主義あるいは打算主義の論理を持ち込んだ。個人は興味の領域を通じて自身のアイデンティティを構築するが、興味の領域の拡大や多様化を図らなければならないのは、むしろ実際の交流においてである。利用者が自分のおしゃべりの空間を仲間内の密室に閉じ込めてしまうよりも、完全に開放的あるいはやや開放的な領域で自己を公開したがるようになったのは、自分のアイデンティティが、これまでよりも多種多様な公衆の承認を経て構築されるようになったからである。共通の関心を抱く正体不明の見知らぬ人々にも開かれているソーシャル・ネットワーキングにより、自分たちの仲間からは奇異と思われる可能性は増しながらも、世間からの興味は惹くことができる。

だからこそ、インターネット利用者は、他者を前にした発言を変化させながら、個人から公衆に向かうはしごの上で、自分の人格の境界を緩和するようになったのである。彼らは、自分のブログ、フェイスブックの自分のページ、ツイッターなどで、身内に語る私的な出来事や、親しくない人々の興味を惹く一般的な出来事などを公開している。こうして、「大きな会話」と「小さな会話」、からかいと政治的議論、仲間内での冗談と最新ニュースの狭間を何度も往還運動することによって、彼らがこだわる出来事の多様性がえぐり出され、個人の輪郭が新たに浮き彫りにされる。個人は、自分の日常についておしゃべりし、自分の趣味や関心事を紹介するだけでなく、他者に自分の信条を理解してもらい、共同体に参加し、また大いに怒るといったこともできる。

インターネットのソーシャル・ネットワーキングに参加する人々のかなりの割合は、自分の政治的意見や信条を掲げることをいとわない。オンラインでは、出自や受けた教育など、本人の社会的背景が原因となって現われる政治的な能力格差が再生産される。ソーシャル・ネットワーキングを利用するアメリカのインターネット利用者の三三％は、裕福な若者たちであるが、彼らは自分が関与する政治活動および市民活動を、ソーシャル・ネットワーキング・サイトで公表している[84]。つまり、インターネットにより、国民の政治議論は深化しているのだ。しかしその一方で、ネットで政治的信条を掲げて政治談議をする人々と、ネットの議論には加わらずに、テレビだけから情報を得る政治的関心に乏しい人々との格差は広がっている[85]。

おしゃべりが大規模なデモに

「開放的なおしゃべり」は、公共空間に居場所を見つけたのだろうか。おしゃべりの領域の垣根が取り払われたので、形態や内容が公の秩序からかけ離れた表現も登場することになった。ソーシャル・ウェブの自己露出主義は、消費を最優先する個人主義であり、政治には関与しない意思の現われだ、と指摘する者もいる。そのようなアマチュアによる情報の生産活動は、自己陶酔に陥り、行き詰まる恐れもある。(86)

しかしこのように批判する者は、国民の参加を、従来型のきわめて限定的な意味合いでしか捉えていない。つまり、彼らにとっての公共空間の概念は、政府やメディアの代表者の領域が、教養ある国民をメンバーとする集団を取り込みながら、単に拡大しただけのものである。ところがインターネットの新たな表現形式は、「寡占状態」になっている公共空間を、新たに登場した発言者がいる周縁領域にまで押し広げようと模索しただけではなく、従来の政治では往々にして認められていなかった言葉づかいや空間を利用しながら、公的な発言を異なった形態で多元化し、そしてそれらの多元化された公的な発言をする機会を、インターネット利用者に与えるようになったのである。

ウェブ上に存在する微小で無数の空間におけるもつれた議論は、収束と発散を繰り返し、ウェブ上を転々としている。インターネット利用者は、ローカルな疑問もグローバルな疑問も扱い、多くのテーマについて眼を凝らし、コメントし、議論し、批判する。

音楽、ファッション、最新の映画、料理のつくり方、テクノロジーおよび法律問題、休暇の過ごし方、ペットなどが、最も人気のあるテーマである。しかしまた、日常の暮らしに定着したこれらの議論の場では、地方自治、環境問題、賃金格差、政治の場における女性の地位、学校問題、治安など、さまざまな公的なテーマについても論争されている。また、おもにビデオを基盤としたリミックス文化〔三〇ページ参照〕や、創造性の高いデトーナメント文化〔商品や作品の本来の目的からわざとはずして再利用・再構成することによって風刺・批判する芸術文化〕の発展にともない、皮肉っぽく反体制的な表現形式も登場している。これらの表現形式は、国の政治とはある程度の距離を保ちながら、その隙間で発展してきた(87)。

これらの毛細血管のように張り巡らされた議論により、弾力的で驚くべき反応豊かなネットワークが構築された。より結束の強い集会を組織するために、インターネット利用者が集結した事例もある。例えば「アペロ・フェイスブック」という、主催者がいないイベントには、フランスの都市によっては六千人あまりが集結した。彼らは、情報を可視化させ、これを間接的に次々と流通させるために、人脈ネットワークをつなぎ合わせるだけという、人々の間で次々と拡散していく動きによって集結したのである。

これと同じ構造を利用すれば、デモ集会の動員にも役立つだろう。実際、二〇〇三年二月十五日のイラク戦争反対デモの際には、アルテルモンディアリスト（「もう一つの世界主義者」）の組織がインターネットで束ね合わされた結果、世界中の六百の都市で一千万人のデモ参加者が集結した。こうした拡散は、メディアが報道しないときにも効果を発揮する。二〇〇四年三月には、インターネットや携帯電話を介して、スペインのマドリードにあるアトーチャ駅での、列車爆破事件の真相を求めるデモが組織された（当初、ホセ・マリア・アスナール内閣はETA〔バスク地方の分離独立を目指す民族組織〕による犯行だと示唆したため(88)）。

おしゃべりは、毛細血管のようなネットワークのおかげで、思いがけずして公衆の目に触れることができるようになった。超小型のデジタル・カメラやデジタル・ビデオなどを携帯した人物が、災害や事故現場の証拠を提示することもこれに該当する（例えば、ロンドン同時爆破事件、南アジアで起こった津波災害、ムンバイ同時多発テロなど）。インターネット利用者が公共空間に参入したために、まったく意図せざる方法で、ほとんど人目に触れることがない領域にあった現場が、目に見えるようになった。

タイの若い女性アリサ・チラポングスが「アカ・グナーリィキティ（aka gnarlykitty)」というハンドルネームで書くブログは、ファッション好きの女の子たちが集まる、気軽なおしゃべりの場であった。ところが、二〇〇六年のタクシン・チナワット首相に対するタイの軍事クーデターの際に、この若い女性は、新体制に反対するデモに参加し、政府庁舎を包囲した戦車の写真を掲載しはじめた。その後、これらの写真は世界中のサイトに転載された。ウィキペディアにリンクが貼られたことによって閲覧数が急上昇した彼女のブログは、突如として「世界の声」(89)になった。

イスラエルの南レバノンへの侵攻の際には、パレスチナ人やレバノン人のブロガーは、ジャーナリストが扱わない情報を伝えた。これらの情報は、イスラエル世論の大きな反響を呼んだ(90)。小さな集団が交流のために利用していた道具が、情報メディアになったのである。

このような移ろいやすいおしゃべりが流通するようになると、「世論」は単一的でヒロイックなものではなくなった。おしゃべりな人々は、自分たちの密室から抜け出し、世間の注目を勝ち取るために、おしゃべりの混乱を原動力として拡大する、公衆の集結に注目するようになった(91)。いまや、社会一般を包摂するような「公衆」というものは存在しない。しかし、ミクロな空間では無数の公衆が形成され、それらが相互に連携していく。公衆への関与というと、大義のために私生活を犠牲にすることを覚悟した、献身的な活動家をイメージするが、今後は、「自己を抜け出すこと」は要求されなくなった。現代の公衆への関与は、インターネット利用者が、ネット生活においてきわめて普通に活動する形態になった。すなわち、インターネット利用者として自分の興味に関する情報を流通させることにより、凝縮された集合体をつくり出すという形態である。

一九〇一年にガブリエル・タルドは、有名な著書『世論と群集[92]』のなかで、新聞の登場によって、現代人を結び付ける方法が二分されたと説いた。すなわち、おしゃべりという方法と、公衆への一体化という方法である。前者は、顔を突き合わせて一対一の相互作用でおこなわれるが、後者は、公的な出来事に対して人々がもつ意見によって、距離感をともないながら人々を結びつける。インターネットの斬新さは、普通のおしゃべりから世論が生まれ、従来の仲介者を通さずに群集が簡単に公衆になることができるようになったことである。

ジャーナリストの変化

情報のプロたちも、『リュ89（ルート89）』や『メディアパール（Médiapart）』（両方ともフランスのネット新聞）などで、オンラインで読者とのやりとりを求めるようになった。こうした変化は、彼らの仕事にも影響をおよぼした。オンラインでの活動を試みたジャーナリストたちは、自分たちが書いた記事を読んで、批判し、賞賛し、アドバイスを与えてくれる多くの人々と議論することになったが、彼らは固定した読者でないことが多かった。したがって、ジャーナリストは、編集を管理されてというよりも、自分たちの読者が眼を光らせるなかで記事を書くことになった。[93]

記事ができあがる過程が変化したため、情報を書く形式が緩和された。ジャーナリストは、読者と直接的な関係を構築することによって、「私は」と語ることが許されるようになった。情報を書く行為においても、しゃべり口調が現われたことは、前述した「薄暗がり」のウェブで検証した傾向と、密接な関係がある。ジャーナリストがプロとして活動するためには、とくに事実と意見を丁寧に切り分けるなどして、主観をもち込まないようにしなければならなかった。しかし、インターネット利用者のおしゃべりに割り込もうとするジャーナリストが、主観形式にたどり着いたのは、情報を書く形式が緩和された影響からというよりも、読者に対する真摯で透明性のある形式を模索した結果である。

距離を置いたジャーナリスティックな書き方が危機に陥ったからこそ、オンラインでの情報が本物であることが要求されるようになったのだ。極度にプロ化したジャーナリスティックな書き方においては、個人的見解を入れない客観性、中立性、自主規制などが求められた。多くのジャーナリストがインターネットの世界に足を踏み入れたという事実が、ジャーナリズムの職業倫理である、距離を置くという「冷徹な掟」を緩めることができた証拠である。(94) ジャーナリスティックな発言に拘束がなくなったので、情報を書く形式や語る方法が変化したのだ。例えば、ぶっきらぼうで辛辣な視点から書く形式、マルチメディアをつなぎ合わせた形式、参考資料を提示することによって読者に専門性の高いテーマの理解を補ってもらう方法、裁判や記者会見やインタビューなどの推移をツイッターで報告する方法などである。

ジャーナリストは、自分が書いた記事に対する責任を、これまで以上に個人的に引き受けなければならなくなったので、ジャーナリストの個性がウェブに露出するようになった。自らの疑問や確信、そして情報源や意見を明かすようになったジャーナリストの仕事は、他者の目にさらされる。このようにジャーナリストが自分自身を人目にさらすというやり方は、ジャーナリスト同士が互いの仕事に対する監視を強化していくなかで、互いの承認を得る過程ともいえる。

ところで、距離を置いたジャーナリスティックな書き方は、明らかに公的な出来事だけを、目に見えるようにするという考え方に基づいていた。この考え方では、政治の舞台裏や、公的な人物とジャーナリストとのオフレコの会話、情報を生み出す際のすべての「オフ」は、公衆の目に触れさせてはいけないことになっている。おしゃべり型情報では、舞台と舞台裏の区分の一貫性は失われる。超小型ビデオの登場、最新情報のスクープ合戦、リアルタイムでの報道、アマチュアによる情報源の探求などにより、私的な状況における「不謹慎な取材」であっても、ありふれた取材になり、垣間見ることができる空間は拡大した。

ウェブなどによって、かなり私的な発言であってもアクセス可能になったため、ジャーナリストの仕事にとって、社会的な生活の透明度は高まった。また、舞台裏によっては、時事問題として扱うことができるようになった。表面的な報道は避ける、成熟した公衆の期待にこたえなければならない、危険な陰謀を隠してはいけない、などの理由から舞台裏を公開したのは、ブロガーというよりはジャーナリストたちである。オフレコという障壁は、消滅してはいないが、脆弱になった。

そうはいっても、こうしたおしゃべり型の情報は主観的であり、そのときの気分や新たなマーケティング技術が駆使する戦略に、誘導されてしまうリスクがある。インターネットにおける情報の扱い方では、次のような傾向も確認できる。裏付け作業を怠った情報収集合戦、ブロガーによる執拗な言及、スターなどの人物に関する個人的な評価の押し付け、信憑性を装った風説の流布、ツイッター利用者同士の偏見に満ちた喧嘩などである。

ジャーナリスティックな書き方に主観がもち込まれるようになったのは事実としても、これは、距離を置くというルールが最も優れているとする考え方が、打ち捨てられたことを意味するのではない。なぜなら、情報の発信側の条件が緩和されたとしても、インターネット利用者の批判的なおしゃべりが、受け手側での情報監視を強化しているからである。

従来型のメディアが、自分たちに職業倫理が欠如していないことを証明するために、誤った情報が掲載されているページを具体的に指摘したり、ウェブにリンクを貼ったりするなどして、意図的に目に見える領域をつくり出す場合は除き、インターネットでは、誤った情報が多くの人々の目に触れる領域に流れることは、きわめて稀である。そこでジャーナリストは、次のような形式によって情報を発信することが多くなった。すなわち、「ウェブによると……」という形式である。このような慣習は、一般化するかもしれない。

プロからアマチュアまで、情報を扱うインターネット利用者の混沌とした集合体は、他者が発信する情報に眼を光らせているだけではない。従来型の公的な情報に対する批判や、噂やでっち上げの否定がいち早く登場するのも、往々にしてウェブにおいてである。例えば、ニコラ・サルコジ〔現大統領〕は、ベルリンの壁が崩壊した夜に自分はベルリンにいたと主張したが、それは物理的に不可能であると確固たる証拠を掲げて反証したのは、インターネット利用者であった。アメリカでは、「シックスティ・ミニッツ」という番組のなかで、ジョージ・ブッシュが兵役をきちんと満たさなかったことを証明するために、ダン・ラザー〔テレビ・ニュースキャスター〕が提示した証拠物件は捏造であると指摘したのも、ブロガーであった。ちなみに、その後、この捏造の責任をとらされたラザーは、ＣＢＳを辞職することになった。

今日、高度な専門知識を必要とするさまざまな政治文書が公開されているが、それに関連するよりきめ細かい情報、資料性の高い情報、きちんと分析された情報を探すのであれば、従来型のメディアよりも、ブログ空間において見つけることができる。舞台と舞台裏の間にあった垣根が取り払われたので、調査型ジャーナリズムの核心である、暴露するためのテクニックにも制約がなくなった。例えば、ウィキリークスのサイトにより、政府当局の「機密情報」や、情報統制下にある国で暮らす反体制派の情報を、情報源の匿名性を確保しながら公けにすることができるようになった。

プロは、職業倫理を自らに課し、読者の知る必要がないと思われる情報から彼らを守ることを使命としてきたが、こうしたプロだけが市民社会のあり方を決める時代は終わった。インターネットに情報が書き込まれる新たな形式では、ジャーナリストは、距離を置いた書き方の背後に身を隠すことができない。

その一方で、この形式は、アマチュアのブロガーや公衆が、市民としての良識を自主的にきちんと発揮するという仮定のもとに成り立っている。したがって、この形式にリスクがないわけではない。インターネットにおける情報記事は、プロが一般人のように、より「主観的に」書くことができるかという賭けにかかっている。なぜならば、距離を置いて批判するのは、読む側の役割になったからである。

第４章　インターネットはどのような政治形態をつくるか

キーワードは「自己組織化」

何でもありのインターネットからは、どのような政治や理性的な議論が生まれるのだろうか。自己を公開するという傾向の表われである、インターネットでの混乱したおしゃべりは増殖し続けているが、これはどのような意味をもつのだろうか。決定の中枢や代表、組織化された集団は、どこにあるのだろうか。従来の公共空間から眺めると、インターネットは「バベルの塔[95]」に似ている。すなわち、騒がしく過剰で統治不可能なインターネットでは、議論や噂が絶えず錯綜し渦巻いている。

このような批判に対するインターネット利用者の回答は、自己組織化ということである。インターネット利用者はこの混乱を、水平的かつ非中央集権的な方法によって、自分たち自身で統治できると主張している。彼らは、参入障壁を完全に撤廃して開放的な状態を維持すべきであって、人々の能力を事前に決めつけるべきではない、という平等の理想を掲げている。彼らはネットで互いに指摘しあう活動を通じて、情報が人目に触れる領域を秩序づけるために、情報の種類によって、アクセスしやすい情報からしにくい情報へと、情報を階層化している。(96) 彼らは互いに監視しあい、また批判しあうことにより、中央集権的な機能を構築することなく、巨大な共同体を存続させようではないか、と主張している。彼らは一貫して共有を推進しながら、電子化された新たな共有財を共同体の中核に据えた。これらの共有財は、全員によって生み出されたのであって、誰かに帰属すべきものではない、と彼らは考えている。

このような態度は、インターネットの先駆者たちの精神の流れを汲んでいる。また、こうした原則は世間知らずな夢物語などではなく、フリー・ソノトウェア、ウィキペディア、オープン・ディレクトリー・プロジェクト、クリエイティブ・コモンズのライセンス、インターネットが利用する大部分の技術の標準化を策定するインターネット・エンジニアリング・タスク・フォース（IETF）などでは、前面に打ち出されてきた[97]。

しかしながら、インターネットが大衆化されたのにともない、ウェブと、従来型の公共空間にある機構（メディア、政党、企業など）との結びつきが密接になり、互いの依存関係が強まってきたため、これらの原則は危うくなっている。今日、新聞、政治、ビジネスの変化の中核にあるインターネットは、創始者たちの理念に反する価値観と利益に向き合わなければならない。インターネットにより、文化と情報に関する産業基盤は覆されてしまったという批判もあるが（例えば無償化についての議論の枠組みにおいて）、インターネットもまた自らの領域において、インターネットが逃れようとした関係者や論理の犠牲になっている。したがって、インターネットは、現在の緊迫した状態から抜け出すために、その方策の特徴を明らかにする必要がある。

平等の前提とクリックという参加形式

ウィキペディアでは、記事の内容に異議を唱える際、あるいは逆に記事を公表する際に、社会的地位に基づいた権威という観点から、結論が導き出されることはない。「ヒッグス粒子〔素粒子に関する仮説〕」の記事の編集に関する議論では、著名な物理学者であっても、単に自分の学位や知名度や著書だけを振りかざして、自分の意見のほうが学生よりも優れていると主張することはできない。学者自身も記事の編纂に参加し、自分の見解について論証して説明を施し、学生の誤りを公的議論の俎上に載せなければならない。ウィキペディアでは、参加する意思のあるインターネット利用者であれば、誰であろうと締め出されることはない。

公的な発言をおこなう場では、あらゆる共有財に対して「分け前なき者の分け前[98]〔本来、分け前がないはずの者までが、要求する分け前〕」が要求され、インターネットでの討論やウィキペディアでは、民主主義の理想である「平等という前提」が、しばしば過剰に推し進められる。社会的な権威だけでは、高い正当性は得られない。そうはいっても、この平等という前提は、世論を平等に数え上げる選挙のように、人々の社会面や経済面の特徴を、一人一票のなかに覆い隠してしまうような、都合のよい虚構ではない。

平等という前提では、参加者は、何をおこない、何を生み出し、どのような発言をしたかという、活動歴からだけ評価される。ハッカーたちの掟では、この原則が常に要求されてきた。すなわち、ハッカーは、「学歴、年齢、人種、社会的な地位といった偽ものの規準ではなく、自分の業績によって判断されるべき[99]」なのである。インターネットには、各自が自らの才能を提供するという、ハッカーが理想とする民主主義が、きわめて繊細な形で取り込まれた。各自が提供する才能が多種多様で、予想もつかない驚きに満ちたものであったとしてもである。

こうした掟は、個人の責任感をきわめてリベラルな形で高めた。インターネット以外のネットワークにおいてもそうであるように、一部の者が積極的に活動するので、排除される者も現われた。活動的な者は、非活動的な者の価値を引き下げ、機敏な者は、機動力のない者に目もくれない。しかし、ペテン師が、誠実で謙虚な職人たちの領域を占拠してしまう危険性もある。ネットワークの世界によくあるそのような緊張[100]は、インターネットのインフラ形式そのものと根本的なかかわりがある。だが、これらの影響が語られることはほとんどない。活動的な参加への勧誘自体に、沈黙や受け身的な姿勢に対するさげすみが含まれていることに、気づいている者はいるだろうか。「全員参加」という民主的な展望を掲げながらも、その背後では、出自にまつわる社会的および文化的な資本の不平等な分配が、再生産されているのだ。

インターネットが、これらの隠された社会的格差に対して提唱する緩和措置は、社会面、文化面からの資本がほとんど必要とされない表現形式でも参加できる、という概念を拡大することであった。インターネットは、閲覧者が評価を示すことのできる機能を拡大させていきながら、微細で取るに足らないつぶやき型の参加形式をつくった。閲覧者は、記事やビデオに投票するのだ。例えば、フェイスブックであれば「いいね！」をクリックし、マイスペースの音楽家のページであれば「イケてる」というコメントを残す。また、ツイッターにリンクを貼りなおすことによって、インターネットにおける情報の階層化に、ちょっとした参加形式をつくり上げたのである。「クリックする」という参加形式が発展したのは、大衆がインターネットを利用しはじめたことと不可分である。

こうした行為によって、インターネットには商業主義が蔓延し、従来型メディアの受け手側の論理〔受け手がいてこそ成り立つという論理〕が復活したと、インターネット利用者の黎明期世代が嘆くのも、無理のない話である。

だが、従来型の討論形式ほど洗練されていないという理由により、こうした行為の価値を認めないのであれば、それは保守的なエリート主義であり、インターネットの扉を新たな大衆に対して閉じてしまうだけである。従来の公共空間では、教養ある集団と大衆的な集団は分断されていた。だが、参加資格を奪ってしまうという形式を回避するためにも、インターネットの先駆者たちの精神を尊重しながらも、人々の能力をきわめて多様に定義する寛容性のほうが、はるかに重要なのではないか。

緩やかなつながりが大きな運動に

インターネット利用者は、大した考えもなくウィキペディアに「参加」した。彼らは、自分たちが気づいた綴りのミスを正し、自分たちが知っているテーマについて、不完全あるいは間違いであると思った記述に修正を施した。次に、自分たちの記述が正確かどうか、書き込みをする人々と話し合い、他人の書き込みが正確かどうかを注視し、百科事典の書き方のルールについて研究しはじめた。すると、さまざまなテーマの記事を書く人々が現われ、彼らが百科事典のもつ共同体の利益を担うようになった。つまり当初は、誰も自分が「ウィキペディアン」になるとは思いもしなかったのである[101]。

インターネットの「コミュニティ」が成立するのは、メンバー同士の目的が一致した場合のみである。そのイメージは、村落や部族などのイメージとはまったく異なる。つまり、デジタルな集団に魂を見出そうとして、あるいは領土的な感覚を得るために、コミュニティとしての声明を出しながら自分たちを活性化させようとするのではない。
インターネットのコミュニティは、集団に対する帰属意識など持たない個人が活動した集合体の結果であり、コミュニティの将来、そのアイデンティティ、それへの帰属などといった従来型のモデルから生じたのではない。インターネットの大きなコミュニティの大部分は、とくに信念を持たない者たちが相互に影響し合った結果であり、その前提になるのは、個人による自身のアイデンティティや、趣味、活動の公開である。コミュニティのメンバーは、互いに影響をおよぼしあうために、そして「緩やかな」協働に関与するために、各自が自己を公開することによって提供される機会を利用する。[102]
フリッカーでは、自分たちの街角にある監視カメラを写真に納めたアマチュアのカメラマンが、世界的な規模で団結した。彼らは、監視カメラの世界的な目録を作成するために、ウェブで自分たちが撮った写真を、種類ごとにタグをつけて分類した。自由と安全をめぐる議論に敏感な一般市民のなかには、他者とのコンタクトのあり方について、活発に意見を述べる者も現われた。「緩やかな協働」は、人間関係の強化や価値観の形成という手間のかかる作業を通じて、実際に「強い」関係となり、現実世界における集団的な手法によって、行動の可能性や手段を得ることさえある。

　だが、集団のこのような形成手法は、脆弱《ぜいじゃく》で非組織的であると考えることもできる。メンバーになる個人は、目的ごとに自発的に集まり、時間的にも内容的にもきわめて限定的な関与しかしないというやり方によって、集団を生み出すことは可能であろう。だが、これではウェブを媒体とする集団活動のほとんどの場面で限界が生じる。

　だからといって、そうした不安定で流動的なかかわり方が[103]、構造化された持続的な「本物」のかかわり方になるはずがない、と考えるのも早計である。現実を眺めると、それは一目瞭然である。きわめて具体的かつ効果的な活動である、「国境なき教育ネットワーク（RESF）〔フランスに不法滞在する家族の子どもを学校に受け入れさせる運動〕」の推進や、アドピ（Hadopi）法〔不正なダウンロードを取り締まろうとする法律〕に対する反対運動などは、現実世界での（しばしば不均質で複雑な）個人の関与を、インターネットによってうまく調整して、大規模な運動を組織することに成功している。

　フランスでは二〇〇五年五月に、国民投票によってヨーロッパ憲法の批准が否決されたが、その際にオンラインで世論を誘導したのは、マルセイユで経済学と経営学を教えていたエティエンヌ・ショアードという人物のホームページであった。ヨーロッパ憲法の批准に「否」を突きつけた彼は、まさしく「ドン・キホーテ」であった。

彼は、過激な活動家などではなく、世間から特別に注目されている人物でもなかった。だが、彼のホームページに掲載されていた、ヨーロッパ憲法の草案に対する批判文書が他の活動家の目に触れると、リンクが貼られ、またアタック（ATTAC）〔新自由主義に異議を唱える市民団体〕のニュース・レターとして、ウェブで広く配信された。彼の批判文書がきっかけとなり、政治家、経済学者、憲法学者、インターネット利用者、活動家による活発な議論が巻き起こった。ショアードは、他者との対話を通じて、他者からの批判を参考にしながら、自分の議論を修正した。このような過程を経て、彼の提案に対する反響は高まり、彼の議論はウェブでさらに広まった。

フランスでの国民投票におけるヨーロッパ憲法批准の否決の原因が、インターネットにあると断言することはできないにしても、ウェブのさまざまなサイトで盛んにおこなわれたこうした過程が、政治的な実践の領域において、新たな潮流になったことだけは明らかである。ヨーロッパ憲法の批准に反対する者たちは、従来型のメディアでは取り上げてもらえなかった自分たちの疑問の声を、聞いてもらう方法を見つけ出したのだ。(104)

参加型から協働型の民主主義へ

　インターネット利用者は、管理についてはほとんど議論しない。彼らが論争を作り出したり、人々を動員したりするために情報をつかみ取る方法は、相変わらず予見できない。したがって、「草の根」から集団を構築するために、参加型民主主義の論理からヒントを得たネット合議制を実践しようとしても、それは困難かつ非効率的である[105]。公的機関が主導するネットでの市民討論は、むしろ期待はずれに終わったケースがほとんどであり、きわめて強い関心をもつごく一部の市民だけが参加するにすぎない。こうした市民討論では、想定された枠組みを超えて議論がおこなわれることが仮に認められたとしても、その効果はかなり限定的である。

　例えば、公開討論国家委員会（CNDP）は、パリ地区に三つめとなる空港を新たに建設するための予定地の決定に関して、オンライン討論会を設置した。しかし、参加者たちは、新空港を建設すること自体が必要なのかという疑問を投げかけ、予定地の決定に関する話し合いに応じなかった。参加者たちは、皮肉たっぷりに討論会の設置のあり方自体に批判を加えた[106]。高い理想に基づいて、社会、環境、技術などの問題に関するオンライン討論会が組織されたが、これらの試みはほとんどの場合、すぐに限界に達してしまった[107]。

このような困難のおもな原因は、インターネットでの集団形成のあり方にある。ネットでの討論では、あるテーマについて討論するための共通の価値観を事前に共有している参加者を、市民のなかから招き入れることが難しい。ネット討論へ参加を希望する市民は、行動して協力できる体制を構築して団結したいのだ。彼らは、そのような実験の場を要求している場合が多い。つまり、こうしたきわめて柔軟で自主的な参加形式の目的は、当局の監視下で討論をおこなおうとすることではなく、専門知識の領域を組織し、当局と対等に議論できる、さらには当局に異議申し立てのできる領域を作り出すことにある。したがって、当局の役目は、議論の流れを誘導するのではなく、インターネット利用者たち自身が議論できる条件を整えることだけになる。

今日、「公共性のあるデータの公開」を叫ぶインターネット活動家を衝き動かしているのは、〔自分たちの権利を〕要求するという感覚である。アメリカでは、バラク・オバマがアメリカ大統領選挙戦の際に、行政当局がもつ加工していない生のデータを国民が利用できるようにする、2・0政府〔情報の送り手と受け手が流動化して、誰もがウェブを通じて情報を発信できるウェッブ2・0になぞらえて、国民が積極的に利用できるウェブ・サービスを提供する政府を指す〕の推進を提唱したことをきっかけに、「オープン・データ」を求める運動が大きくクローズアップされた。

オープン・データ運動は、ほとんどの民主的な西側諸国において発展を遂げ、政府や行政だけでなく、各種機関や企業も情報公開に取り組んでいる。例えば、議会活動に関する情報、公共事業の契約や公的市場に関する情報の共有、交通や医療や環境や司法などに関する統計などである。

行政や企業活動の情報開示度を高めることで、公共性のあるデータは、インターネット利用者や各種集団だけでなく、企業やロビー団体も利用できるようになった。リベラルな議論とリバタリアンな目標を掲げる「オープン・データ」運動の支持者たちは、行政や企業が市民とまともに討論などするはずがない、と思っている。支持者たちは、市民の望むようにデータを公開してこれを利用できる状態にし、疑問を抱いた市民が、お目当てのデータを収集して照合できるようにしよう、と提唱している。

このような「協働型民主主義(108)」では、オープンなデータを収集できる情報ツールという構想が必要になる。イギリスの非政府組織（NGO）が運営する、「彼らはあなたのために働いている（theyworkforyou.com）」というサイトを利用すれば、インターネット利用者は、自分たちの地方および国の代表者が、各テーマについてどのように考えているのかを、知ることができるようになった。インターネット利用者は、自分の郵便番号をインプットした後に、関心のあるテーマについて意見を述べる。その後に、市長や議員たちの意見を知ることができる。このサイトは、公共事業や公的発言に関する充実したデータベースになっている。

フランスでは、国民議会が公開したデータを収集している「わが議員たち（nosdé-putés.fr）」というサイトを閲覧すれば、国民議会の議員たちの活動を詳細に知ることができる。

マサチューセッツ工科大学（MIT）がはじめた「ソースマップ」では、工業製品の製造に必要な材料がどこから取り寄せられたかという地図、ならびに温室効果ガスの出所を示す「炭素の足跡（カーボン・フットプリント）」が、視覚的に把握できる。このようにして、インターネット利用者は、工業製品の材料に関するデータを、産業界の専門家や環境団体と共有することができる。

公的機関の活動の透明性を高めるこのような運動は、インターネット利用者が「薄暗がり」のウェブにおいて、自分の私生活を公開したのと同じ力学に基づいている。インターネット利用者が、新たなタイプの集団的かつ批判的な形式を生み出すために、社会の上層部から、そして社会の底辺〔草の根〕から、リスクをともないながらも自分たちを自己組織化することができるようになったのは、情報が解放されたからである。

ウィキペディアの革新性

ウィキペディアの記述は、表面に書いてあることだけが重要なのではない。書き込んだ人があまり多くない記述の内容は、不十分かつ信憑性に欠ける場合もある。ウィキペディアンは、参加型の開放的な形式で百科事典を書くだけでなく、「論争中」の見出しのついた記述について、議論し、ののしりあい、意見を交換し、合意する。「歴史」のページでは、間違いを指摘しあい、論駁しあう。「要注意リスト」を指定して、監視したり、書き込みを制限したりする。「削除するページ」の論拠を示し、投票によって決定を下す。議論が巻き起こった際には、第三者に仲裁を依頼する。どうしても合意に達しない場合には、紛争を「裁定委員会」にもち込んで、委員会の判断を仰ぐ。
　ウィキペディアの最も大胆な革新性は、おそらく参加型の記述形式よりも、そうした監視および制裁手続きの相互依存形式にある。コミュニティは、そのような手順により、中央集権的な編集体制を打ち立てることなく、記述の信憑性に配慮することができるようになった。[109]
　このような参加型の監視体制を、共有財に対する警戒ならびに配慮として肯定的に捉えるのであれば、この監視体制は、重大な議論をおこなう領域を形成するうえで、重要な役割を担うことになる。この体制は集団の行動規準を定める、きわめて強力なまとめ役にもなる。[110]ウィキペディアの創意工夫に満ちた組織管理は、次のようなアイデアに基づいている。すなわち、編集に関する紛争処理は、各記述の議論のページにおいて、編集者の間で、非中央集権的な手法で解決しなければならないというアイデアだ。
　この点について、ウィキペデイアの組織管理では、自主規制による共有財の組織管理の原則の一つを採用している。この原則によると、分散型の制御は、監視および制裁権の独占よりも効果的であるという。[111]記述ごとに討論するので、利用者は互いに分権化された監視をおこなう。間違いを犯した人物が「罰せられる」ことはないが、その人物は、学び、自らの行動を見直し、共通のルールに順応するために、コミュニティが彼（その人物）に投じた評価を提示しながら活動することになる。監視や制裁が、現場に非常に近いところで、マイルドかつ公開された形でおこなわれると、監視や制裁は、コミュニティの信頼関係や価値観を強化する。また、監視や制裁により議論の枠組みが整えられ、この枠組みのなかでの批判的な監視が合意形成をもたらす。

ウィキペディアの編集方針は、おもに手続きによるものだ。この編集方針は、記述の内容から誤りを確実に取り除く。参加者は、知識そのものではなく、知識の製作過程に関する違反（文献を明示しない記述、説明が不完全な記述、百科事典が扱う範囲を超える記述、信奉者による記述など）を、互いに非難しあう。ウィキペディアのような開放的なコミュニティの場合、百科事典の内容を決めるためにメンバー間で事前の合意が存在するはずだと想定することなど、不可能である。

しかも、ウィキペディアンは、事実とは多元的なものであるという立場に立っている。すなわち彼らは、（同じ事実や人物や概念などについて）異なる解釈が存在する際には、記述の作成において、信頼できる文献に準拠する解釈であれば、これらをすべて提示してバランスをとらなければならない。このような百科事典の編集方針に同意することが、ウィキペディアンになるための第一歩である。類いまれなスタイルをもつウィキペディアンは、このような共通ルールの尊重と開放的に議論する態度を、「ウィキ愛（wiki-love)」と呼んでいる。

インターネットによって可能になり、推進されたネットワークの組織管理形式の構築を、ウィキペディアはものの見事にやってのけた。フリー・ソフトウェアのコミュニティがもつ活力、スラッシュドット、ディグ（Digg)、オープンストリートマップなどの協調型サイトの組織、インターネット技術の標準化を検討する主要な組織（IETF、W3C、ICANN）にも、ウィキペディアが持つおもな特徴が確認できる。

今日では、インターネットの組織だけでなく、現実の組織も、このようなネットワークの組織体制を採用するようになってきた。「気候変動に関する政府間パネル（IPCC)」、対人地雷禁止活動、途上国の債務負担の削減を求める運動、新自由主義に異議を唱える「もう一つの世界主義（アルテルモンディアリズム運動)」など、ここ十年間に登場した、特定のテーマに絞って活動する国際的な集団を発展させたのも、これと同じ論理である。インターネットが存在しなければ、組織や個人が国際的に団結することはなかっただろう。彼らは、組織や個人を柔軟に団結させる手続きによる統治形式を採用したのだ。

こうした統治形式は、政治分野で新たに登場した直接行動主義がもつ特徴とも波長が合った。それらの特徴は例えば、開放的な領域において組織化を図る、参加者の均等ではない関与をとりまとめる、参加者の多様な出自を促進する、中央集権化を弱める、象徴的な意味をもつ行動を組織する、などである。ダニエル・コーン＝ベンディット〔欧州連合の議員、一九六八年の学生運動のリーダー格で、最近ではフランスとドイツでエコロジー運動を組織している〕は、エコロジー運動を組織する際に、「フリー・ソフトウェアをモデルにした協同組合」を組織すると提案し、またストップパブ（Stopub）〔公共の場所での広告に反対する運動〕の活動家や、遺伝子組み換え作物の栽培に反対する活動家などの社会的および政治的グループも、同じ論理に基づいて組織化を図っている。

これらの組織には、三つの特徴が見られる。一つめの特徴は、これらの集団の活動領域は比較的あいまいであり、参加者の関与の度合いには、大きなばらつきがあることだ。このように集団のつながりが緩いので、さまざまな参加者が集まり、活動への参加コストは低く、参加する基準にも多様性がもたらされるようになった。

二つめの特徴は、これらの集団は中央によって代表されることはない、ということだ。

「もう一つの世界主義（アルテルモンディアリズム）」運動には、農民団体の国際連合体、ゲイやレズビアンの団体、不法滞在者の支援組織、カトリック組織など、人道主義系の非政府組織から過激派集団まで、きわめてちぐはぐな組織が集結した。非常に不均質な集団の集まりでは、団体を代表して語る権利を、代表者に委任するとは考えにくい。

ところが、これらの国際組織は、とくにインターネットを利用して、世界社会フォーラム（ダボス会議に対抗する「もう一つの世界主義（アルテルモンディアリズム）」のサミット）を実現するための、相互運営に関する共通ルールを策定することができた。[112]

合意形式とその危うさ

三つめの特徴は、これらの大きな団体では、決定手続きの際に、ほとんどの場合が合意形式をとることだ。インターネットの合意形式は、コミュニティ内の全員一致を目指すのではなく、互いの協働作業をする手続きの枠組みを保持しながらも、多様な参加者が各自の利益を最大限に追求するという妥協の産物である。[113] インターネットを通じて投票がおこなわれるわけではない。

　ところで、代議制を基本とするある種の直接選挙をインターネットによって実施すれば、選挙のプロセスは刷新されるのではないか、というアイデアに大きな期待が集まった。ウェブでこのアイデアが実現すれば、民主主義はより持続可能になり、民主主義と市民との距離は縮まるのではないか、と期待された。ところが、すべては期待はずれに終わった。(114) いずれにせよ、公正な投票を保障することは困難であり、インターネットにおいて代表民主制の手続きをおこなうというアイデアは、技術的にも不適切であることが判明した。インターネットは、交流の空間であり、一人の人物がいくつものアイデンティティをもつ空間である。したがって、正体が明らかで人数が明確な選挙民を、インターネットに集合させることは無理なのだ。

　インターネットは、希少資源を管理する必要などない、限界のない領域であるので、その内部では対立する意見を放置することも可能であり、何らかの決定をくだす必要もない。そうはいっても、オンラインの大集団の内部で何かを決定する際には、きわめて複雑な手続きがとられることもある。そうした手続きを紹介すると、例えば、オープンな協議システム、議論を階層化する技術、紛争を未然に防ぐための調停者の確保、部分的に合意するための問題の切り分け、議論の徹底開示などである。合意形成のためのこれらの技術は、コミュニティにおいて最も活動的な参加者や、最も深く関与する者に有利に働く。しかし、その妥協案は、ありそうにもない「代表的な集団」における多数派の意見を反映するようなものではない。

それは、活動的なグループ間の力関係を示すことだ。他方で、少数派の利益を名目に、「少数派のグループ」の意見が聞き入れられることも珍しくない。ウィキペディアの際限もない論争、フリー・ソフトウェアのコミュニティ、ウェブで使用する技術の標準化を推進するために、ティム・バーナーズ＝リーが創設した非政府組織ワールド・ワイド・ウェブ・コンソーシアム（W３C）のコミュニティなどの例からもわかるように、グループの力関係は、おもに彼らがそれまでに関与することによって得られた権威に左右される。したがって、最も重要で最も中心的な参加者には、決定を方向づける大きな権力が付与される。

このような自己組織的な集団の形式では、しばしば権限や組織管理のあり方に問題が生じる。この形式では、コミュニティの機能や決定に関するルールが不安定になり、最も活動的な者とそれ以外の者との間に、不平等が蓄積されていく。さらに、とくに新しく参入する者にとっては、耐え難い官僚的な手順が生み出される。(115) フリー・ソフトウェアの世界をはじめ、より一般的にはオンラインのコミュニティ全体に、組織管理のあり方によっては、コミュニティが分裂してしまう危険性が常につきまとう。

政党のサイトはなぜうまくいかないか

インターネットではじめて政治活動をおこなったのは、当然ながら組織が垂直的でなく構造化もされていないグループであった。一九九六年に活動家の集会を開いたサパティスタ民族解放軍〔メキシコの貧しい地域で活動するゲリラ組織〕は、全世界の活動家を連帯させ、彼らをラカンドン密林での秘密会議に招くために、インターネットを利用した(116)。

フランスでは、インターネットが広く一般に利用されるようになった時期に、権利のない者（滞在ヴィザのない者、失業者、ホームレス）を救う運動、連帯統一民主労働組合（SUD）などの労働組合、エイズ撲滅活動をおこなう「力を解放するエイズ連合（アクト・アップ）」や、「もう一つの世界主義（アルテルモンディアリズム）」運動を展開するアタックなどが、とくに配信リストを利用してメンバーを組織化するために、ウェブを大規模に利用した[117]。

一方、主流派の政治組織や労働組織は、かなり遅れてインターネットに参入した。彼らは、自分たちの組織の活動家に対して、情報をトップダウンで配信したが、活動家同士をオンラインで本格的に論争させることまではしなかった[118]。

政党のサイトがうまく機能しないのは、やはりインターネットがおしゃべり口調であることが原因だった。インターネット政治に活力を与えたのは、政党のサイトではなく、政治家のブログや選挙活動のサイトだった。インターネットでは、個人的な表現をすることが、政治にかかわる者の誠実さの証であると見なされるようになった。政治ブロガーで、ウェブにおいて存在感を獲得することができたのは、他の政治ブロガーや敵味方などとのおしゃべりゲームに、積極的に関与した人物であった。他者の関心を自分にひきつける前に、おしゃべりでつながる領域をつくり出す必要があるが、そのためには他のインターネット利用者と接触する必要があった。

政治のブログ集合体は、ウェブに独自の情報領域を描き出した。世間では、インターネットでの政治論議は、世論をばらばらに分断する恐れがあるのではないかと心配された。その理由は、ウェブは似た者同士を密接につなぎ、そうなれば、均質な意見で溢れ

図2　2007年の大統領選の時のフランス政治を語るブログ集合体の見取図（出典 Linkfluence）

る集団が運営する、気密性が高く偏狭なサイトやブログが次々に登場するのではないか、と予想されたからである。[119] また、メディア自身がもつ政治的傾向のために、公共的政治討論が歪んでしまう恐れもあった。[120] ウェブも、現実の生活と同じく「細分化」されてはいない。要するに細分化とは、同じ考えを持つ者だけで孤立する、過激な意見をもつ集団だけにみられる現象なのだ。

一方、政治的な領域で中心的な役割をもつ組織を観察してみると、同じ政治的傾向をもつ組織のサイト同士が、濃密なおしゃべりネットワークによって結びついていることがわかる。このような集中は、対立する政治集団同士が、互いに言及し合うからである（図2参照）。自分たちの陣営に愛着を生みだし、これを強化するために、各陣営は政敵に対して論戦を仕掛けていかなければならないのだ。

オバマの選挙戦

インターネットを利用したオバマの選挙戦にかなりの注目が集まったが、それは民主党の候補であるオバマが、アメリカ社会と対話するコツを心得ていたからである。オバマは「わがバラク・オバマ（my.barackobama.com）」というサイトを通じて、ソーシャル・ネットワークをたくみに利用することにより、これらのおしゃべりをキャッチして票に結びつけることができた。ソーシャル・ネットワークを、地方票を集めるための道具として利用したのである。

二〇〇七年のフランス大統領選の際、社会党の候補であったセゴレーヌ・ロワイヤルは、参加型の政策立案の場を構築しようとしたのに対し（この試みは対立する論点をまとめ上げることが困難であったため頓挫した）[121]、オバマ候補はアメリカのインターネット利用者に、政策立案を要求することはなかった。オバマは、支持者自身のソーシャル・ネットワークを利用して選挙運動を展開した。アメリカの市民社会に縦横無尽に張り巡らされた「草の根」による選挙活動が広範囲に展開された際には、オバマの選挙活動の責任者で、フェイスブックのナンバー2であったクリス・ヒュージは、デジタル・ツールを利用した。選挙活動に参加した者たちは、デジタル・ツールにより、自分たちのソーシャル・ネットワークを通じて選挙を語り、チラシを配り、集会や戸別訪問を組織した。

今日、フランスの二大政党であるUMP〔国民運動連合〕とPS〔社会党〕は、それぞれ「可能性の創造〔クレアトゥール・ドュ・ポシブル、Créateurs du possible〕」と「クーポル〔政治協同組合、Coopol〕」というサイトにおいて、ソーシャル・ネットワークの利用を定着化させている。彼らの狙いは、普通のおしゃべりの中に政党の討論をもち込むために、ソーシャル・ネットワークに侵入することである。もちろん、彼らは単に「市民のおしゃべりに加わりたい」わけではなく、メディアにおける存在誇示、カリスマ性、予期せぬ新たなテーマなどに基づく、これまでにないコミュニケーション理論を参照してのことであると思われる。

ここに、インターネットを利用したおしゃべり型政治の、パラドックスの一つが宿っている。すなわち、インターネットを利用したおしゃべり型政治は、中央集権化された統合型メディアのコミュニケーションと並行して発展していくことでしか、大規模に展開することができないのだ。つまり、政党の綱領機能を簡素化させるコミュニケーション回路を開設して、この回路におしゃべりの渦巻く毛細血管のように広がるソーシャル・ネットワークを組み込み、それを統合型メディアセンターに直結させるのである〔オバマが二〇〇八年の大統領選挙でとった戦略〕。

アルゴリズム（計算手順）の方策とは何か

アメリカの法学者ローレンス・レッシグが述べた「コードは法である（Code is law）」というフレーズは、インターネットではソフトウェアというインフラの選択は、利用者にとって法律で禁止されている事項よりも拘束力がある、という考えを見事に表現している。[122] 情報を階層化するアルゴリズムには、ランキングの原則や世界のものの見方が埋め込まれている。アルゴリズムは、インターネット利用者が情報に「接する」あり方を根底から構造化し、インターネット利用者がネット・サーフィンするサイバー・スペースを描き出す。だが、インターネット利用者は、アルゴリズムが自分たちのネット・サーフィンにおよぼす隠された仕組みについて、必ずしも気づいていない。

ところが、アルゴリズムは、しばしば矛盾する方策に対応しており、インターネット利用者の行動様式のさまざまな面を支配している。インターネット利用の大衆化や、インターネットにおける従来型のメディアの存在や、商業の理屈の台頭などにともない、ウェブでは、人目に触れやすい領域の決め方をめぐる激しい競争が起こっている。さまざまな関心を考慮するアルゴリズムには、業績、注目度、コミュニティへの貢献度、迅速性など、いくつかの基準が埋め込まれている。

グーグルのページランク（PageRank）は、インターネットの先駆者たちの精神である業績至上主義のモデルを借用したものであるが、その役割は変化した。ページランクは、次第に国民投票のようになり、大物で権力のある参加者が上位にランキングされるようになった。ウェブと現実世界との相互依存が強まったので、ネットでは、行政機関や政党、従来型メディアや企業の存在感が圧倒的になった。誰もが知っているこれらのサイトは、ウェブでもすぐに皆がアクセスするようになり、多くのリンクを引き寄せ、アクセス・ランキングのトップに躍り出た。

サイト間に貼られるリンクの構造は、ランキングにきわめて大きな影響をおよぼす。

ネットワークでは、いくつかのハブに大きな権限が集中する。アクセスしてもらうための巧妙な戦略を施す者も現われたが、ほとんどの者は、切り札となる手段や資本に乏しいため、ウェブを支配する容赦なき「評判の論理」に押しつぶされた。[123] 例えば、情報ランキングのトップだけに注目すれば、インターネットに並ぶ顔ぶれは、従来型のメディアとほとんど変わらない。[124] したがって、参加型のインターネットは、「ゲートキーパー」を正当化する基準を再生産しているにすぎない。

インターネットでは、閲覧数の表示がどこでも見られるようになったが、これは、従来型のメディアの世界から生まれたものであり、広告業界が後押ししたものである。ランキングの基準として、「再生回数」の表示が課せられるようになった。このような手法は、インターネット利用者の参加行為を前提としているのではなく、単に彼らの行動様式を記録するだけである。「再生回数」は、ウェブの世界にテレビ視聴率の論理をもち込んだものである。ユーチューブやデイリーモーションなどの動画投稿サイトでは、「再生回数」がコンテンツを階層化する。したがって、コンテンツの内容に関する評価基準の多様化は、さまたげられてしまう。

ソーシャル・ウェブは、このような大衆化に直面して、これまでとは別の、情報の組織形態を提唱した。それは、利用者独自の情報生態系を構築するために、利用者のソーシャル・ネットワークを起点とする形態である。ウェブ２・０のサービスが独創的である理由の一つは、これらのコミュニティの距離を測る方法にある。つまり、インターネット利用者は、検索エンジンを利用しなくても、自分に関連する領域において、自分の位置を突き止め、動き回ることができる。例えば、友だちの人数、グループ、お気に入り、推薦ツール、ニューズフィード（利用者の「友だち」からの「新着情報」）などである。利用者はこれらのツールを通じて、自分に関係する領域に、自分に興味のありそうな情報が並ぶよう要求することができる。熱心なアマチュアにとって、これらのコミュニティでの距離を計測する手法を利用すれば、業績至上主義のアルゴリズムでは下位にランキングされてしまうこともある、インターネットの「ロングテール」を形成するコンテンツを流通させることができる。

しかし、このコミュニティの推薦という計測手法はきわめて脆弱であり、営利を追求するサイトの圧力に「歪められてしまう」。ブランド商品や大企業の側では、インターネット利用者と「友だち」になることによって、ランキングに忍び込もうとたくらんでいる。インターネット利用者自身も、これらの手法に対応して評判を勝ち取るために、ますます戦略的な行動様式をとっている。

最後に、ツイッターなどの「リアルタイムのウェブ」により、新たな尺度として情報の流通速度を重視する、人目に触れる領域を計測する新たな手法が発展した。インターネットでは、ウィルス性ともいえる伝染現象が加速している。よって、流行のおしゃべりの話題をリアルタイムで見張る計測器の役割を果たすツールが、重視されるようになった。インターネット利用者は、新着情報を探すようになったために、このようなウィルスの計測手法は、他のランキング手法と競合するようになった。

ウェブの豊かさは、公共空間では主要なコンテンツの影に隠れてほとんど流通していなかったテーマを、共有して議論できる仲介的な空間をつくり出したことである。ユルゲン・ハーバーマスは、十八世紀に誕生した理性的な公共空間が、十九世紀後半に営利追求の圧力や「ペニープレス[125]〔タブロイド紙の原型〕」の大量発行の影響によって「再封建化」された過程を示した。今日、インターネットの公共空間も「再封建化」される危険性がある。情報を階層化するランキングの上位には、ますます営利追求の論理が垣間見られるようになった。ウェブの多様性は押しつぶされ、下位にランキングされているコンテンツを流通させるソーシャルな推薦ツールは、葬り去られそうな気配である。

インターネットのアルゴリズムを非難すべき理由は、アルゴリズムがますます矛盾する論理や利益に従って、階層化を繰り返し実行しているからではない。ウェブの本質は常に多様性であった。情報が爆発的に増加するとともに、情報を流通させ仕分けする方法が充実してきたことは理解できる。だが反対に、営利追求の圧力に押されて、各分類様式がもつ特有の論理は、相互に混じり合い、解釈することがますます困難なブラック・ボックスの中へと姿を隠してしまった。

インターネットのアルゴリズムに対して、批判的な分析を進めるべきである。少ない閲覧者しかいないコンテンツである「ロングテール」を維持しなければならないのだ。なぜならば、この「ロングテール」こそが、従来の公共空間から遥か昔に消え去った、インターネットの最も根源的に民主的な現象であるからだ。

結論　解放された公衆

「代表者による政治」からの脱出

インターネットにおいて拡大する公共空間には、個人の社交や私生活、そして個人の豊かな表現が登場した。またインターネットにより、社会の舞台裏、インターネット利用者の意見、行政機関がもつデータの開示が進んだ。公と私の領域の境界が消滅したわけではないとしても、両者の断絶は鮮明ではなくなった。ウェブにより社会は表現する舞台を得たが、この舞台では、これまで社会に姿を現わすことがなかった情報が共有されるようになった。民主的な社会は、代表者による政治という、これまでの軌道から脱出したのだ。

このような変化により、従来の公共空間がもつパターナリズム〔六五ページ参照〕的な性格が明らかになった。結局のところ、従来の公共空間では、公衆は常に信用されず、他者から、そして何よりも公衆自身から公衆を「保護」しようとしてきた。公衆を単なる受け手の役割に据えて、公衆の行動力を奪ってきたのだ。

公共空間では、公衆はふるいにかけられ、公衆の発言は飼いならされてきた。私生活は私的なものであり、公共空間では、これに深く関与することは許されなかった。公共空間では、公衆のもつ知識の誤りを、肩書きのある専門家に訂正してもらうことで、知識がプロ化した。公共空間では、なにかにつけて世論調査を通じて世論が代弁される「腹話術」が演じられてきた。

これらの悪習が消滅したわけではないが、今後、これらは民主主義の過去の産物になる。なぜなら、インターネットにおいては、そしてインターネットのおかげで、操作されていたこれまでの公衆が解放されたからだ。公衆は、誰かに頼まれることなく発言するようになった。公衆は、新たな社会的なつながりを構築するために、恥ずかしげもなく自己を公開するようになった。彼らは他者に頼ることなく知識を生み出す。彼らは、自分たちが討論したいテーマを自分たちで明示し、自分たちで討論を組織する。

このような自由に、対立がないわけではない。例えば、インターネットに関する論争では、個人は自分たちが得た新たな自由を悪用してしまうのではないか、という懸念がある。ネットの公共空間の代理人は、自分のためではなく、常に他者のために語る。良い情報と悪い情報を摑み、それらを管理仕分けする彼らが、騙されることはない。しかし彼らの周りには、世間知らずで、偏狭で、移り気で、羞恥心がない人々も存在するが、責任、自律、多様性を重んじながら個人化する社会では、パターナリズムは、容認できなくなってきた。

市民に権力を託すとみなされている社会体制では、インターネットは市民の幼児化を防ぐツールである。その意味において、ウェブは民主主義の未来を具現している。従来の公共空間においてゲートキーパーが注意深く見守っていた境界線を、再構築しようと思っても無駄である。これとは反対に、現在では、ウェブに流れている情報を事後的に階層化するツールの管理をめぐる闘いが、ひそかに繰り広げられている。

警戒しなければならないのは、〔プロによって〕操作も検閲もされていない発言よりも、自己組織化される社会〔人々がソーシャル・ネットワークなどを利用して集結すること〕に対してである。インターネットの未来が決まるのは、まさにそうした問題の周辺である。人目につく領域と、あまり人目につかない領域との間を階層化するために、インターネット利用者は、ランク付けし、互いに修正しあい、また批判しあっている。そうはいっても、彼らがこれを、完全に平等な状況でおこなっているわけではまったくない。インターネットの精神は、何よりもまず全員に同等の発言権と正当性を認めるという、平等を実現することだ。参加者の重要度、彼らの権威、彼らの技術能力、彼らの関与の度合いが、ネットで人目に触れる領域を組織する力関係を描き出している。インターネットでは、活動的な者は民主主義を享受できるが、沈黙する者やネットに接続していない者は片隅に追いやられる危険性を常にはらんでいる。

インターネットと民主主義を脅かすもの

インターネットは、民主主義の強力なツールになるはずであったが、成功を収めたため、それは市場の戦略と利益の中核に位置するようになった。インターネットにおいて露出度を高めつつあるメディア、文化産業、政党、企業は、彼らが従来の公共空間の序列においても行使してきた支配力を、インターネットにおいても部分的に確保した。

一方、デジタルな世界で活躍する新たな企業は、自分たちが管理する格納庫に、インターネット利用者の個人情報を蓄積している。彼らは、ウェブ上で自分たちが支配するサブシステム〔非公開のサイト、ポータルサイト、さらには検索エンジンなど〕に、インターネット利用者を閉じ込めようとも試みている。インターネット利用者の注目を得ることが、公共空間における従来のプレーヤーと、新たに登場した情報企業複合体が繰り広げる競争の核心になっている。

このような経済戦争は、たとえそれがインターネットの精神や多様性を脅かしているとしても、それこそが、ウェブを途方もない成功に導いたのである。情報セキュリティを高め、プライバシーを保護し、情報サービスの質を向上させるべきだという理由から、非中央集権化されたネットワークのインフラ構造を「正常化」させるべきだ〔管理を強めるべきだ〕、と多くの者が主張している。サイトの種類に応じてサービスのクオリティを変えることを禁じる「ネットの中立性」には、異議が唱えられている。

インターネット利用者の匿名性も、以前に増して再検討されるようになってきた。インターネット利用者がネットで貼るリンクは、これまで貴重な共有財を形成してきたが、大手の情報企業がこれを独占する恐れも生じてきた。表現や共有に関する形態の多様化が、閲覧者側の論理〔例えば、ユーチューブの再生回数〕によって、押しつぶされてしまう恐れなどもある。(126)

ウェブを標準化させようとするそのような傾向には、ウェブを他の公共空間と同様に、情報は即時公開され、多くの者が情報を見ることができ、いったん公開された情報は、制御できなくしようとする狙いもある。ところが、インターネット（そして公共空間）の民主化は、インターネットが仕切る、人目に触れる領域の形式の多様性と密接な関係がある。インターネットの民主化は、インターネット利用者がウェブの創設以来示してきたように、表現の多様性と、生き生きした表現とともに進行してきた。だからこそ、インターネット利用者は、文体および語りの面で最も豊かな実験を、おしゃべりという領域〔薄暗がりの空間〕において確保したのであろう。民主主義を推進することにもなるインターネットは、我々に危険よりも思いがけない幸運をもたらす。

インターネットを完全に透明化することには危険がともなうであろう。インターネットの公共空間と私的空間の狭間にある「薄暗がり」の空間を、検索エンジンによって白日の下にさらしてしまうならば、控えめだが重要であり、深刻そうだが皮肉っぽい、しかし常に根源的に自由な発言、つまり、「薄暗がり」の空間において急増している発言は、深刻に脅かされることになるであろう。

ligne. Une revue des travaux français et anglo-saxons», *Rêseaux*, n°150, 2008, p. 19-50.

(119) Cas Sunstein, *Republic.com*, Princeton, Princeton University Press, 2002.

(120) Azi Lev-On, Bernard Manin, «Internet : la main invisible de la dêlibêration», *Esprit*, n°5, 2006.

(121) Nicolas Desquinabo, «Dynamiques et impacts des propositions politiques dans les webforums partisans», *Rêseaux*, n°150, 2008, p. 107-132.

(122) 『CODE VERSION 2.0』ローレンス・レッシグ著、山形浩生訳、翔泳社、2007年。

(123) Konrad Becker, Felix Stalder (dir.), *Deep Search. The Politics of Search beyond Google*, Innsbruck, Studienverlag, 2009.

(124) Matthew Hindman, *The Myth of Digital Democracy*, Princeton, Princeton Universtiy Press, 2009.

(125) 前掲書『公共性の構造転換―市民社会の一カテゴリーについての探究―』ユルゲン・ハーバーマス著、細谷貞雄他訳、未来社、1994年。

(126) 『インターネットが死ぬ日』ジョナサン・ジットレイン著、井口耕二訳、早川書房、2009年。

(108) Beth Simone Noveck, *Wiki Government. How Technology Can Make Government Better, Democracy Stronger, and Citizens More Powerful*, Washington, Brookings Institution Press, 2009.

(109) Dominique Cardon, Julien Levrel, «La vigilance participative. Une interprétation de la gouvernance de Wikipédia», Réseaux, n°154, 2009, p. 51-89.

(110) Pierre Rosanvallon, *La Contre-Démocratie. La politique à l'âge de la défiance*, Paris, Seuil, 2006.

(111) Elinor Ostrom, *Governing the Commons : The Evolution of Institutions for Collective Action*, New York, Cambridge University Press, 1990.

(112) Christophe Aguiton, Dominique Cardon, «De la cooptation à l'agglutination. Culture participative et formes organisationnelles des forums sociaux», *in* Catherine Neveu (dir.), *Cultures et Pratiques participatives. Perspectives comparatives*, Paris, L'Harmattan, 2007, p. 55-74.

(113) Philippe Urfalino, «La décision par consensus apparent. Nature et propriétés», *Revue Européenne des Sciences Sociales*, n°136, 2007, p. 47-70.

(114) Thierry Vedel, «L'idée de démocratie électronique. Origines, visions, questions», *in* Pascal Perrineau (dir.), *Le Désenchantement démocratique*, La Tour d'Aigues, Éditions de l'Aube, 2003, p. 243-266.

(115) Mathieu O'Neil, *Cyberchiefs. Autonomy and Authority in Online Tribes*, Londres, Pluto Press, 2009.

(116) Benjamin Ferron, «Des médias de mouvements aux mouvements de médias. Retour sur la genèse du "Réseau intercontinental de Communication Alternative" (1996-1999)», *Mouvements*, n°61, 2010, p. 108-120.

(117) Fabien Granjon, *L'Internet militant. Mouvement social et usages des réseaux télématiques*, Rennes, Apogée, 2001.

(118) Fabienne Greffet, Stéphanie Wojcik, «Parler politique en

(95) 前掲書、Yochai Benkler, *La Richesse des rēseaux.*
(96) 『インターネットはいかに知の秩序を変えるか？―デジタルの無秩序がもつ力―』デビッド・ワインバーガー著、柏野零訳、エナジクス、2008年。
(97) Christophe Lejeune, *Dēmocratie 2.0. Une histoire politique d'Internet*, Bruxelles, Espace de libertēs, 2009.
(98) 『不和あるいは了解なき了解―政治の哲学は可能か―』ジャック・ランシエール著、松葉祥一他訳、インスクリプト、2005年。
(99) 『ハッカーズ』スティーブン・レビー著、松田信子他訳、工学社、1987年。
(100) 前掲書、Luc Boltanski, Ève Chiapello, *Le Nouvel Esprit du capitalisme.*
(101) Susan Bryant *et al.*, «Becoming Wikipedian : Transformation of Participation in a Collaborative Online Encyclopaedia», *Proceedings of GROUP 2005*, ACM Press, New York, 2005, p. 1-10.
(102) Christophe Aguiton, Dominique Cardon, «The Strength of Weak Cooperation : An Attempt to Understand the Meaning of Web 2.0», *Communications & Strategies*, n°65, 2007, p. 51-65.
(103) Zigmunt Bauman, *La Vie liquide*, Rodez, Le Rouergue/Chambon, 2006.
(104) Guilhem Fouetillou, «Le web et le traitē constitutionnel europēen. Ecologie d'une localitē thēmatique compētitive», *Rēseaux*, n°147, 2008, p. 229-257.
(105) Loïc Blondiaux, *Le Nouvel Esprit de la dēmocratie. Actualitē de la dēmocratie participative*, Paris, Seuil/La Rēpublique des Idēes, 2008.
(106) Laurence Monnoyer-Smith, «Être crēatif sous la contrainte. Une analyse des formes nouvelles de la dēlibēration publique : le cas DUCSAI», *Politix*, n°75, 2006, p. 75-101.
(107) Nicolas Benvegnu, «Le dēbat public en ligne. Comment s'ēquipe la dēmocratie dialogique ?», *Politix*, n° 75, 2006.

Pew Internet & American Life Project, 2009.

(85) Thierry Vedel, «Internet creuse la fracture civique», *Le Monde*, 22 juin 2010 ; Nina Eliasoph, *L'Évitement politique. Comment les Américains produisent l'apathie dans la vie quotidienne*, Paris, Economica, 2010.

(86) 大衆が表現することに関する議論では、こうした批判を「保守的」とみなす場合の参考文献は、前掲書、『グーグルとウィキペディアとYouTubeに未来はあるのか？』アンドリュー・キーン著、田中じゅん訳、サンガ、2008年。また「進歩的」とみなす場合の参考文献は次を参照のこと。Geert Lovink, *Zero Comments : Blogging and Critical Internet Culture*, London, Routledge, 2007.

(87) Laurence Allard, «L'impossible politique des communautés à l'âge de l'expressivisme digital», *Sens Public*, n°7-8, 2008, p. 105-126.

(88) Manuel Castells, *Communication Power*, Oxford, Oxford University Press, p. 349 et suiv.

(89) 前掲書、『みんな集まれ！ーネットワークが世界を動かすー』クレイ・シャーキー著、岩下慶一訳、筑摩書房、2010年。

(90) Stuart Allan, Einar Thorsen (dir.), *Citizen Journalism. Global Perspectives*, New York, Peter Lang, 2009.

(91) Bruno Latour, «Le fantôme de l'esprit public. Des illusions de la démocratie aux réalités de ses apparitions», préface à Walter Lippman, *Le Public fantôme*, Paris, Demopolis, 2008.

(92) 『世論と群集』ガブリエル・タルド著、稲葉三千男訳、未来社、1964年。

(93) Jacob Boczkowski, «Ethnographie d'une rédaction en ligne argentine. Les logiques contraires de la production de l'information chaude et froide», *Réseaux*, n°160-161, 2010, p. 43-78.

(94) Cyril Lemieux, *Mauvaise presse. Une sociologie compréhensive du travail journalistique et de ses critiques*, Paris Éditions Métailié, 2000.

(73) Danah Boyd, «Facebook's Privacy Trainwreck : Exposure, Invasion and Social Convergence», *Convergence*, vol. 14, n°1, 2008, p. 13-20.
(74) Cas Wouters, *Informalization : Manners and Emotions since 1890*, Londres, Sage, 2007.
(75) Bernard Lahire, *L'Homme pluriel : les ressorts de l'action*, Paris, Nathan, 1998.
(76) Peter Bradwell, Niamh Gallagher, *We no Longer Control What Others Know About us, But We Don't yet Understand the Consequences*, Londres, Demos, 2007.
(77) Jean-Michel Ganascia, *Voir et Pouvoir : qui nous surveille ?*, Paris, Éditions Le Pommier, 2009.
(78) Zeynep Tufekci, «Can you See Me Now ? Audience and Disclosure Regulation in Online Social Network Sites», *Bulletin of Science, Technology & Society*, vol. 28, n°1, 2008, p. 34.
(79) Yann Moulier Boutang, *Le Capitalisme cognitive. La nouvelle grande transformation*, Paris, Éditions Amsterdam, 2007.
(80) Stephanie Tom Tong et *al*., «Too Much of a Good Thing ? The Relationship Between Number of Friends and Interpersonal Impressions on Facebook», *Jouranl of Computer Mediated Communication*, vol. 13, n°3, 2008, p. 531-549.
(81) Nicole Ellison, «Researching Interaction in Social Media : Examining Online and Offline Communication Processes in Online Dating and Social Network Sites», *Proceedings of ICWSM*, Washington, 2010.
(82) Alina Stoica, Thomas Couronne, Jean-Samuel Beuscart, «To be a Star is not Only Metaphoric : from Popularity to Social Linkage», *Proceedings of ICWSM*, Washington, 2010.
(83) Melinda Blau, Karen L. Fingerman, *Consequential Strangers. The Power of People Who Don't Seem to Matter... But Really Do*, New York, W.W. Norton & Company, 2009.
(84) Aaron Smith *et al*., «The Internet and Civic Engagement»,

Communication, vol. 13, n°1, 2007.

(62) Hélène Delaunay-Téterel, «L'affichage public des amitiés. Le blog au lycée», *Ethnologie française*, vol. 40, n°1, 2010, p. 115-122.

(63) Judith Donath, «Signals in Social Supernets», *Journal of Computer-Mediated Communication*, vol. 13, n°1, 2007.

(64) Nicolas Auray, «Folksonomy : the New Way to Serendipity», *Communication and Strategies*, n°65, 2007.

(65) 『親密性の変容―近代社会におけるセクシュアリティ、愛情、エロティシズム―』アンソニー・ギデンズ著、松尾精文他訳、而立書房、1995年。

(66) これは次の著書のなかでも強調されている。Daniel Kaplan, *Informatique, Liberté, Identités*, Limoges, FYP Éditions 2010.

(67) Fabien Granjon, Julie Denouël, «Exposition de soi et reconnaissance de singularités subjectives sur les sites de réseaux sociaux», *Sociologie*, n°1, 2010, p. 25-43.

(68) Christophe Aguiton *et al.*, «Does Showing Off Help to Make Friends? Experimenting a Sociological Game on Self-Exhibition and Social Networks», *International Conference on Weblog and Social Media '09*, San José, Calaifornia, 17-20 mai 2009.

(69) Mizuko Ito *et al.*, *Hanging Out, Messing Around, and Geeking Out*, Cambridge (Mass.), The MIT Press, 2010.

(70) André Gunthert, «L'image partagée. Comment Internet a changé l'économie des images», *Etudes photographiques*, n°24, 2009, p. 182-209.

(71) Dominique Cardon, «Le design de la visibilité. Un essai de cartographie du web 2.0», *Réseaux*, n°152, 2008, p. 93-137.

(72) Sonia Livingstone, «Taking Risky Opportunities in Youthful Content Creation : Teenagers' Use of Social Networking Sites for Intimacy, Privacy and Self-Expression», *New Media & Society*, vol. 10, 2008.

(48) Mona Chollet, *Marchands et Citoyens. La guerre de l'Inernet*, Nantes, L'Atalante, 2001, p. 56 et suiv.
(49) Dominique Mehl. *La Télévision de l'intimité*, Paris, Seuil, 1996.
(50) Serge Tisseron, *L'Intimité surexposée*, Paris, Hachette, 2003 (1re éd., 2001).
(51) Dennis Wilkinson, Bernard Huberman, «Assessing the Value of Cooperation in Wikipedia», *First Monday*, vol. 12, n°4, 2007.
(52) Dominique Boullier, *La Télévision tell qu'on la parle*, Paris, L'Harmattan, 2004.
(53) Nicolas Vanbremeersch, *De la démocratie numérique*, Paris, Seuil, 2009, p. 24 et suiv.
(54) Oliver Donnat, *Pratiques culturelles des fraiņçais à l'ère numérique. Enquête 2008*, Paris, La Découverte, 2009.
(55) Eszter Hargittai, Amanda Hinnant, «Degital Inequality : Differences in Young Adults' Use of the Internet», *Communication Research*, vol. 35, n°5, 2008, p. 602-621.
(56) Céline Metton, «L'autonomie relationnelle. SMS, chat et messagerie instantanée», *Ethnologie française*, vol. 40, n°1, 2010, p. 101-107.
(57) Hal Niedzviecki, *The Peep Diaries. How We're Learning to Love Watching Ourselves and Our Neighbors*, San Francisco, City Lights Books, 2009.
(58) Valérie Beaudouin, Julia Velkovska, «Constitution d'une espace de communication sur Internet (forums, pages personnelles, courrier électronique...)», *Réseaux*, n°97, 1999, p. 123-177.
(59) 『構造と実践―ブルデュー自身によるブルデュー―』ピエール・ブルデュー著、石崎晴己訳、藤原書店、1991年。
(60) Dominique Cardon, Hélène Delaunay-Téterel, «La production de soi comme technique relationelle. Un essai de typologie des blogs par leurs publics», *Réseaux*, n°138, 2006, p. 15-71.
(61) Danah Boyd, Nicole Ellison, «Social Network Sites : Definition, History, and Scholarship», *Journal of Computer-Mediated*

and the Anarchist Socialist tradition», *in* Nick Couldry, James Curran (dir.), *Contesting Media Power. Alternative Media in a Networked World*, New York, Rowman & Littlefield Publishers Inc. 2003, p. 243-257.

(37) 『みんな集まれ！―ネットワークが世界を動かす―』クレイ・シャーキー著、岩下慶一訳、筑摩書房、2010年。

(38) オーマイニュース（OhmyNews）は、2005年に立ち上げられた韓国のオンライン・ジャーナルである。このサイトは、参加型ジャーナリズム・サイトのさきがけである（*http:// www.ohmynews.com*）。このサイトのスローガンは、「国民全員がジャーナリスト」である。アゴラボックス（Agoravox）はオーマイニュースのフランス版に相当する（*http://www.agoravox.fr*）。

(39) ナンシー・フレイザー「公共圏の再考：既存の民主主義の批判のために」『ハーバーマスと公共圏』クレイグ・キャルホーン編、山本啓他訳、未来社、1999年、117-159ページ。

(40) 『民主主義への憎悪』ジャック・ランシエール著、松葉祥一訳、インスクリプト、2008年。

(41) 前掲書、Yochai Benkler, La richesse des réseaux....

(42) Robert Solove, *Understanding Privacy*, Cambridge (Mass.), Harvard University Press, 2008.

(43) 前掲書、『公共性の構造転換―市民社会の一カテゴリーについての探究―』ユルゲン・ハーバーマス著、細谷貞雄他訳、未来社、1994年。

(44) Daniel J. Solove, *The Future of Reputation. Gossip, Rumor, and Privacy on the Internet*, New Haven, Yale University Press, 2007, p. 105 et suiv.

(45) Robert Darnton, *Le Diable dans un bênitier. L'art de la calomnie en France,1650-1800*, Paris, Gallimard, 2010.

(46) Franck Rebillard, *Le Web 2.0 en perspective. Une analyse socio-économique de l'Internet*, Paris, L'Harmattan, 2007.

(47) 『グーグルとウィキペディアと YouTube に未来はあるのか？』アンドリュー・キーン著、田中じゅん訳、サンガ、2008年。

(24) Richard Barbrook, «Cyber-Communism : How the Americans are Superseding Capitalism in Cyberspace», *Science as Culture*, vol. 9, n°1, 2000, p. 5-40.

(25) Sherry Turkle, *The Second Self. Computers and the Human Sprit*, Cambridge (Mass.), The MIT Press, 2005 (1re éd., 1984).

(26) 3Dのヴァーチャル世界であるセカンドライフ　Second Life (*http://secondlife.com/*) では、アバターが自分のパーソナリティや環境を作り出し、それらの相互作用のシナリオを練り上げていく。

(27) Luc Boltanski, Eve Chiapello, *Le Nouvel Esprit du capitalisme*, Paris, Gallimard, 1999.

(28) Richard Barbrook, Andy Cameron, «The Californian Ideology», *in* Peter Ludlow (dir.), *Crypto Anarchy, Cyberstates and Private Utopias*, Cambridge (Mass.), The MIT Press, 2001, p. 363-387.

(29) 『T. A. Z.――時的自律ゾーン―』ハキム・ベイ著、箕輪裕訳、インパクト出版会、1997年。

(30) Yann Moulier Boutang, Antoine Rebiscoul, «Peut-on faire l'économie de Google ?», *Multitudes*, n°36, 2010, p. 83-93.

(31) Thierry Paquot, *L'Espace public*, Paris, La Découverte, 2009 ; Marcela Iacub, *Par le trou de la serrure, Une histoire de la pudeur publique, XIXe-XXIe siècle*, Paris, Fayard, 2008.

(32) 『公共性の構造転換―市民社会の一カテゴリーについての探究―』ユルゲン・ハーバーマス著、細谷貞雄他訳、未来社、1994年。

(33) Jean-Louis Missika, *La Fin de la télévision*, Paris, Seuil/La République des Idées, 2006.

(34) Dominique Cardon, Jean-Philippe Heurtin, Cyril Lemieux, «Parler en public», *Politix*, n°31, 1995, p. 5-19.

(35) Dominique Cardon, Fabien Granjon, *Médiactivistes*, Paris, Presses de Science Po, 2010.

(36) John Downing, «The Independent Media Center Movement

(12) 『「みんなの意見」は案外正しい』ジェームズ・スロウィッキー著、小高尚子訳、角川書店、2006年。
(13) Perline, Thierry Noisette, *La Bataille du logiciel libre*, Paris La Découverte, 2004, p. 11.
(14) Philippe Aigrain, *Cause commune. L'information entre propriété et bien commun*, Paris, Fayard/Transversales, 2005.
(15) Fred Turner, *From Counterculture to Cyberculture. Steward Brand, the Whole Earth Network, and the Rise of Digital Utopianism*, Chicago, The University of Chicago Press, 2006.
(16) Steward Brand, «We Owe It All to the Hippies», *Time*, vol. 145, numéro spécial, 1995.
(17) 『パソコン創生「第3の神話」—カウンター・カルチャーが育んだ夢—』ジョン・マルコフ著、服部桂訳、NTT出版、2007年。
(18) 『モダン・コンピューティングの歴史』ポール・E・セルージ著、宇田理他訳、未来社、2008年。
(19) 『バーチャル・コミュニティ—コンピューター・ネットワークが創る新しい社会—』ハワード・ラインゴールド著、会津泉訳、三田出版会、1995年。
(20) Philippe Breton, *Le Culte de l'Internet. Une menace pour le lien social ?*, Paris, La Découverte, 2000.
(21) Guillaume Latzko-Toth, Serge Proulx, «Le virtuel au pluriel : cartographie d'une notion ambiguë», *in* Serge Proulx, Louise Poissant, Michel Sénécal, *Communautés virtuelles. Penser et agir en réseau*, Lévis (Québec), Presses de l'Université Laval, 2006, p. 57-76.
(22) これについては、次に掲げる二つを参照のこと。Yochai Benkler, *La Richesse des réseaux. Marchés et libertés à l'heure du partage social*, Lyon, Presses universitaires de Lyon, 2009 ; 前掲書『コモンズ』ローレンス・レッシグ著、山形浩生訳、翔泳社、2002年。
(23) 出典：ワールド・ワイド・ウェブ・コンソーシアム（W3C）、2010、*www.w3.org* を参照のこと。

原　　註

（1）Ithiel Sola Pool, *Technologies Without Boundaries : On Telecommunication in a Global Age*, Cambridge (Mass.), Harvard University Press, 1990.『メディア・イベント―歴史をつくるメディア・セレモニー―』ダニエル・ダヤーン、エリユ・カッツ著、浅見克彦訳、青弓社、1996年。
（2）『インターネットの銀河系―ネット時代のビジネスと社会―』マニュエル・カステル著、矢澤修次郎他訳、東信堂、2009年。
（3）Patrice Flichy, *L'Imaginaire d'Internet*, Paris, La Découverte, 2001.
（4）Michel Gensollen, «La création de valeur sur Internet», *Réseaux*, vol. 17, n°97, 1999, p. 15-76.
（5）Patrice Flichy, «Internet ou la communauté scientifique idéale», *Réseaux*, n°97, 1999, p. 77-120.
（6）Pierre Mounier, *Les Maîtres du réseau. Les enjeux politiques d'Internet*, Paris, La Découverte, 2002.
（7）『コモンズ』ローレンス・レッシグ著、山形浩生訳、翔泳社、2002年。
（8）『民主化するイノベーションの時代』エリック・フォン・ヒッペル著、サイコム・インターナショナル訳、ファーストプレス、2005年。
（9）Charles Leadbeater, Paul Miller, *The Pro-Am Revolution. How Enthusiasts are Changing our Economy and Society*, Londres, Demos, 2000.
（10）Dominique Foray, Jean-Benoît Zimmermann, «L'économie du logiciel libre. Organisation coopérative et incitation à l'innovation», *Revue économique*, vol. 52, 2001, p. 77-93.
（11）François Horn, «L'importance du logiciel libre dans l'amélioration de l'efficience des logiciels», *Terminal*, vol. 80-81, 1999.

訳者あとがき

本書は、フランスで二〇一〇年九月に出版された“La démocratie Internet : Promesses et limites”の全訳である。タイトルは直訳すると「インターネット民主主義―期待と限界―」となる。

本書の翻訳にあたって、訳者は著者ドミニク・カルドンと頻繁に電子メールをやり取りした。投げかけた質問に対し、ほぼリアルタイムで、文意を懇切丁寧に解説していただいた。著者とのやり取りを訳文に反映させながら、原書に忠実に翻訳していった。

著者は、日本のＮＴＴに相当する通信事業者であるフランステレコムのグループ会社であるオレンジの調査・開発研究所の研究者であり、また社会科学高等研究院（ＥＨＥＳＳ）にある社会運動研究センター（ＣＥＭＳ）の特任研究員としても活躍している。著者の研究テーマは、新たなテクノロジーの利用が文化およびメディアにおよぼす影響である。

インターネットの本質は、「薄暗がり」の空間におけるおしゃべりにあり、これこそがインターネット民主主義を育むと、著者は指摘する。「薄暗がり」の空間や、ロングテールをなすコンテンツを保護することが、重要だとの指摘を重く受け止めたい。

共訳者であり、私の姉である東京大学大学院情報学環・学際情報学府の林香里教授には、きわめて多忙なところ、私の下訳に筆を入れてもらい、また本書の解説を執筆してくれた。幼稚園のときからできの悪かった弟の面倒を、お互いこの歳になって、このような形で見るとは、姉は思ってもいなかっただろう。

幼少期から私と姉に多大なる影響を与えてくれた九十八歳になる闘病中の祖母、荒木光子に、本書を捧げたい。

二〇一一年十二月七日

林　昌宏

[解説]「ネット社会」はどこまで民主的か

林　香里

インターネット世帯普及率は日本が六七・一%、フランス六三・〇%、米国六八・七%、韓国九五・九%。世界全体のインターネット利用者数は二〇〇五年には一〇億人を超え、二〇〇九年には一八億人を超えた(『情報通信データブック 2011』NTT出版、二二六頁)。二〇一一年にはさらに二〇億人を突破したと報道されている。加えて、スマートフォンやタブレット版PC、電子書籍などさまざまな新種の機器が売り出され、フェースブックやツイッターなどのソーシャル・メディアの加入者はここ一年で急増した。日本でも、デジタル・メディア抜きの日常生活は考えられない時代が確実に到来している。

しかし、さまざまなデジタル情報機器が社会に普及していく一方で、その扱いが苦手で、インターネットが欠かせない日常など遠い世界だと思っている人も、やはりたくさんいるのではないかと思う。米国のシンクタンクのピュー・リサーチセンターが二〇一一年に行なった調査によると、「インターネットも電子メールも利用しない」と回答した人の割合は、米国で一八％、フランスで二二％、日本で三二％に上った。

ネットの世界に無関心な人たちと、ネットの世界に深く関わっている人たち。両者の溝は、デジタル社会の進行とともに、静かに、そして確実に広がっているように思う。さらに、この溝はたんなる情報コミュニケーション・ツールの利用能力をめぐるものではなく、もう一段深い、世界観や思想のレベルにまで関わる深さへと進行していると考えられる。

本書は、多くのインターネット関連の本とは異なり、コンピューター技術の知識はほとんど前提とされていない。また、本書にはインターネットをめぐる議論にしばしば見られるような、「ネット革命」や「マスメディア滅亡」のような刺激的な議論も見当たらない。こうした議論を期待するならば、裏切られるだろう。

そのかわり、本書は、インターネットの思想性がいかに日常につながり、社会の構造を組み換え、我々の世界観に影響を与えているかを平易な言葉で概説し、その上で、とくに

「インターネット・デモクラシー」に期待されてきた、「全員参加」や「平等」概念の限界を指摘している。以下、まずは、訳者なりに考える本書の特長を三点挙げてみたい。

第一に、本書は、いま述べたとおり、インターネットが技術でありながら思想であるという視点を強く打ち出している。そうした主張はこれまでにもあったとはいえ、ここでは、インターネット時代にことさら流布されている規範概念を批判的に問い返す。たとえば、「平等」という概念。それは、二十世紀までは、社会における資源配分の公平さの理念として語られてきた。しかし、本書では、インターネットの普及によって「全員参加」という概念が浸透し、それはむしろ「機会均等」の思想へとより強く傾斜していることを取り上げている。「参加」が平等の基準となることによって、個人が「今何を所有しているか」ではなく、これまでの活動履歴から「今後どのような活動の可能性をもっているか」が、「もつ者/もたざる者」の判断の基準となる。「インターネットには、各自が自らの才能を提供するという、ハッカーが理想とする民主主義が、きわめて繊細な形で取り込まれた」(一二三ページ)からである。これはまさに究極の能力主義であり、競争社会の到来である。近年、新自由主義や格差社会が問題となっているが、本書を読むとこうした現象にも、間接的にインターネットの普及が影響しているのかもしれないと思い至る。このほかにも、公／私領域の峻別、「コミュニティ」概念など、いくつかの社会規範が、インターネットの普及とともに静かに組み換えられていることを、本書は描出している。

第二に、従来のインターネットに関する多くの書物は、どちらかというと社会心理学の観点から、ミクロな個人レベルでのメディア利用の変化と、それが与える社会や文化への集合的インパクトを中心に描かれてきた。つまりここでの議論の流れは〈個人→社会〉である。これに対して本書は、とくにインターネット社会における社会空間の再編制といったマクロな社会構造変動に光を当て、そこから言論文化の変容や、個人の規範イメージへのインパクトが語られる。インターネットが普及した現在、今後はこのような〈社会→個人〉という方向から社会構想を展望する語りこそ、必要とされているだろう。本書はその足がかりとなる視点と議論を提供している。

さいごに、近年のインターネットに関する多くの翻訳本は、米国からのものが圧倒的に多い。次々と「直輸入」される米国の論者たちの議論は、多くが斬新で刺激的であるが、実はそれらは米国特有の社会的文脈に置いて読まれるべきである。日本の場合、とりわけこの分野では、米国発の議論の受容において無防備なところがあり、ついそれらを日本社会に直接敷衍《ふえん》しようとする傾向もあるように思う。本書は、フランスの著者によって書かれており、インターネットという思想が、これまでの西欧近代化で核心となってきたさまざまな概念装置（代議制民主主義、公共圏、アイデンティティ、プロフェッショナリズム、組織など）にどのような影響を与え、それらにいかなる変更を迫っているのかという点を、バランスよく概説している。したがって、今後の「デジタル化情報社会」とそれをめぐる議論を、批判的に整理考察するための素養を身につける意味でも、日本の読者にとって貴重だといえる。

東日本大震災を経て、日本でもソーシャル・メディアへの関心が高まり、関連本の刊行が全盛である。しかし、それらは、流行の筆者と目新しいテクノロジーという組み合わせによって、うつろいやすい大衆の興味を惹きつけるためだけにつくられたものが多く、一過性のブームに終わることが懸念される。それに対して本書は、米国的なネットによる「福音」書とも、流行に便乗した断片的な技術効用論とも異なって、社会のすべての人に向けて書かれた、今後のインターネット社会を考えるための、基本的教養書という位置にある。というのも、本書で描かれる構図と課題は、少なくとも今世紀の間しばらくは、大きく変化することはないと考えられるからだ。

訳者が考える本書の価値は以上のようなものであるが、以下では次の三つの観点に絞って、日本の状況を交えていま一度、現在のインターネット社会について考えてみたい。

（1）インターネットと政治参加
（2）ジャーナリズムの危機の真相
（3）親密圏と公共圏の中間領域

（1）インターネットと政治参加

日本では、公職選挙法によって、選挙期間中のインターネットを利用した選挙広報活動は認められておらず、インターネットによって選挙期間中、有権者の判断材料となる情報源が拡大したとは言えない。二〇〇九年に民主党政権が誕生した当時は、インターネットを利用した選挙運動は解禁されるだろうと期待されたものの、その後この動きは尻すぼみとなり、今日に至っている。民主主義のもっとも基本的な制度である選挙にインターネットが関与できない日本の現状は、米国や韓国の状況から比較すると大きく出遅れている。したがって、その意味で、日本におけるインターネット・デモクラシーの実践は後れをとっている。しかし、本書を読むと、インターネットによって日本の政治参加に変化がないという語りは、半分だけ真であることがわかる。

というのも、本書の中心的議論は、インターネットは選挙以外のところで市民と政治を結びつけることに大きく貢献し、そこから翻って代議制民主主義が問い直され、新たなデモクラシーのスタイルを展望しているという点だ。冒頭に「インターネットは、床を引き上げながらすべての壁を押し広げた」（一五ページ）とあるように、インターネットは公共領域を格段に広げることによって、これまでの代議民主制において狭い範囲で定義されてきた「政治」の対案を見つけ出そうとする、「世界規模の実験場」（一〇ページ）となったのである。

豪州の政治学者ジョン・キーンは、民主主義の本質は権力を分散させる思想にあると述べているが、その意味でも、本書にあるとおり、インターネットの分散型ネットワークの構造は、民主主義政治において本質的なものである。インターネットによって政治が脱中心化していく端的な現象は、たとえばつぎのようなものだろう。すなわち、多くの市民はいま、インターネット空間と隣り合わせで生活することによって、日常生活の延長線上で情報収集をし、異議申し立てや情報開示を請求できる手段を確保している。それに伴って、私たちの日常的な権利意識も格段に変化していると見てまちがいない。

とりわけ近年、私たちは、消費者として、親として、職業人として、住民として身の回りにある「権力」を意識しはじめ、自分たちの権利を主張するようになった。つまり、こうした「監視する市民」の誕生は、インターネット時代の新しい政治主体のひとつであろう。「モンスター・ペアレンツ」や「クレーマー」といった言葉が最近になって現われたのも、決してインターネット社会と無関係ではないだろう。

さらに、目下、世界規模で「サービス」という行為とその論理が、加速度的に社会のあらゆる部分――行政、教育から、友人やパートナーとの関係に至るまで――に広がっていく状況も、インターネットの分散型ネットワークの普及によって私たちが制度や組織に期待する一定の権利意識の変化と、無縁ではないように思われる。冷戦が終わりをつげ、二十一世紀を迎えた先進諸国では、「政治」の定義が、そして「政治」を実践する様式が、インターネットの力を借りて確実に更新された。

また、政治参加という点では、インターネットによる動員で拡大する社会運動のあり方も、脚光を浴びている。日本でも、たとえば東日本大震災による原発事故後に、日本各地で原発反対運動が起こったが、メーリングリストやツィッターなど、ネット時代ならではの方法による「組織なき組織化」が大きく貢献したことは、記憶に新しい。

しかしながら、本書の著者は、以上のようなインターネット思想がもたらした新しい政治概念や「全員参加の理念」には、実はさまざまな欺瞞が隠されていることを的確に指摘している。すなわち、全員参加によって一見平等が実現したかに見えるこの政治様式では、最も活動的な者が決定に関与できる一方で、非活動的な者の価値を引き下げ、しかも非活動的な者にほとんど配慮せずに、両者の間には不平等が蓄積されていくというのだ(一二三ページ)。とくにインターネットが大衆化された現在、インターネット空間には現実の権力関係が容易に持ち込まれていることに注意しなければならない。また、決定は「集約《アグリゲート》」という自己組織的メカニズムを通して現われるため、責任の所在を特定しにくいというリスクも伴っている。

これまでの民主主義理論のもっとも大きな挑戦は、自由と平等とをいかに両立させるかであった。インターネットの登場は、ギリシャ古代から続くこのジレンマをときほぐしたというよりは、むしろこの二つの理念の実践様式を組み換えた。社会は、どこまでも限りなく押し広げられるかに見えるネット空間を身近に抱き、開拓精神に覚醒しながら、いっそう競争原理を尊重する自由主義の磁場に引き寄せられている、と解釈することができよう。

（2）ジャーナリズムの危機の真相

ネットの普及にともなって、もっとも論議があるのはジャーナリズムの行方であろう。インターネットの登場によって、多くの無料のニュース・ウェブサイトがテレビや新聞など、既存メディアのビジネスモデルを圧迫し、それによって良質なジャーナリズムが駆逐されるのではないか、と話題になってきた。米国では多くの地方紙が倒産し、新聞空白地帯の存在が社会問題にまで発展している。

しかし、日本の場合、マスメディア産業では米国ほどの競争原理が機能していない。その証拠に、主要な新聞社や放送局が倒産したという話も、これまでにほとんど聞いたことがない。しかも、外国の新聞社が羨むほどに新聞発行部数も高止まりしているし、テレビ市場も地上波キー局の優位は微動だにしていない。それにもかかわらず、事あるごとにネット脅威論が語られているのは、それ自体興味深い現象である。ここにはやはり、現実の経済的脅威というだけでなく、既存マスメディアとインターネットとの間に、思想／イデオロギーの相剋があると理解すべきであろう。

日本では、きわめて少数の企業が市場原理から隔絶されて、マスメディア産業の川上(情報の製作)から川下(情報の流通・配給)までを一貫して統括してきた。とりわけ日本の場合、新聞、放送、映画などの主要メディアでは、ソフト(コンテンツ)の製作と同時に、ハード(伝送路、宅配網、上映映画館)も同列の企業が管理・運営してきた。また、戦後に次々と創設された地方放送局の免許交付に際しても、報道業務に携わっている「プロとしての」新聞社が主体となって運営されるのが好ましいという政策判断の下、戦後の早い時期から新聞と放送との間に、事実上のクロス・オーナーシップさえ追認されてきた。こうした状況は、世界の民主主義国家の中でも、極めて異例である。

また国民の側も、「大メディアの寡占」状態をさほど疑問視することなく、むしろ「権威ある企業」「信頼の置ける大手」として、こうしたマスメディア企業のあり方を受け容れてきた。日本社会では、戦後のある時期までは、娯楽から報道までのあらゆる種類の情報をごく少数の企業の手に委ねておくことは、肯定的に受け止められてきたと言えよう。

これに対して、本書に述べられているとおり、インターネットは創設以来、自由主義の思想に基づいて発展を遂げてきた。現状では、検索エンジンの発達やネットそのものの大衆化によってその精神が薄れているとはいえ、その発達の様式はマスメディアとはまったく逆であり、参入障壁を撤廃し、開放的な状態を維持しようとした共同空間である。

日本ではインターネット空間において、嫌韓や嫌中など、いわゆる「ネット右翼」の言論が存在感を示してきたために、どちらかというとそのイメージは、自由というよりは保守、それどころか寛容とはほど遠いナショナリズムや極右思想との親和性が論じられてきた。今日も「ネット右翼」の存在は、日本の一部のジャーナリストや知識人たちの間で、「ネットのうさんくささ」の象徴にさえなっている。

しかし、「極右」言論とインターネットとの結びつきは、本質的ではない。むしろ、あらゆる表現を包摂し、それらが並列・水平的に呈示され、しかもその影響は発信者でさえ予測がつかない「見えざる手」によって導かれてしまうところに、インターネットの素晴らしさと恐ろしさがある。そうしたことを考え合わせれば、「ネット右翼」がインターネットに出現したのは、ごく自然な流れであった。

さきほど述べたとおり、私たちはインターネットを得たことによって、身の回りの権力やお仕着せの権威に敏感になった。日本では、この流れで最初に批判の矛先が向けられたのが、私たちの生活のもっとも身近にあるマスメディアだった。「ネット右翼」のほとんどが、同時に大手メディア批判を展開していることも偶然ではないし、インターネットの世界においてマスメディアが「マスゴミ」と称されることも、以上のようなマスメディアとインターネットのイデオロギーの衝突と摩擦の象徴的な現象と言えよう。

また、権力としてのメディアという観点で興味深いのは、近年いわゆる「記者クラブ」問題への注目度が一段と高まっていることであろう。記者クラブ制度とは、日本新聞協会会員社を中心とするマスメディア企業所属の記者たちに限定して、記者会見場を使わせたり、記者室が提供されたりする特権的なとり決めである。この制度は戦前から存在し、少なくとも二〇年以上も前から、一部の研究者や外国人特派員らによって批判されてきた。しかし、近年はそうした専門家の議論の枠を超えて、既得権益を持った日本のジャーナリズムの閉鎖性という、社会問題の枠組みで語られるようになった。そのことは、インターネットが普及し、国民の間で言論・表現分野での「機会均等」意識が広がっていることと無縁ではなかろう。

現在、日本のジャーナリスト、そして知識人たちの多くは、既存のジャーナリズムが衰退することによって、ゲートキーパー機能が減退し、公共空間にさまざまな不正確で不適切な情報が出回ることを懸念している。

たしかに、そういう側面はあるかもしれない。しかし著者は、インターネットがさらに普及していく未来を展望すると、不正確で不適切な情報はある程度はインターネット空間で淘汰されていくと見ており、それよりも、自己組織化される言論・表現空間のほうに警鐘を鳴らしている（一五四ページ）。インターネット空間では、一見全員参加が保障され、だれもが発言できるとされているが、それが実は、検索エンジンなどの力を借りつつ、より巧妙な形で現実の権力関係や資源配分の不平等を隠蔽しながら、これまでの社会の矛盾や格差を再生産していくというのだ。

これまで、諸外国のマスメディア企業と比べて、日本のマスメディア企業は市場原理から守られて現状維持を是とし、ネット空間の進出には二の足を踏んできた。しかしながら、今後の戦略ではそれも変化していくだろう。そうなれば日本でも、ネット空間にメディア企業が本格的に参入し、その上に「自己組織化」という動態が拡大されていくと予想される。そのときこそ、インターネットで語られる理念の欺瞞的側面や、それを語る主体や社会的文脈を、しっかりと見極めることが必要になるのだ。

(3) 親密圏と公共圏の中間領域

インターネットにおいて、もっとも期待され、しかしもっともリスクの高い部分は、親密圏と公共圏との中間領域であろう。著者は、「薄暗がりのウェブ」という言葉を使って、この表現空間を言い表わしているが、その言葉どおり、そこはジメジメとして暗く、何があるか、どこまで広がっているかわからない未踏の領域である。しかし著者は、本書の結論部分で、この「薄暗がり」の存在こそ、インターネットがインターネットであるゆえんであり、そこに従来の公共領域と同様の規範をあてはめたり、情報の序列化をつくり出したりしてはならないと主張する。

たしかに、この領域こそ、従来のマスメディアにはない、ネットに広大に広がる表現・言論空間であり、しかもそれは、政府の公式見解やマスメディアのスクープと同じ空間に並列されてしまうところが、インターネットのポテンシャルとリスクとを物語っている。いま、「公共の出来事と私事の断絶は、誰もが見ることのできる領域からあまり人目に触れない領域までという、目盛りのついた段階方式へと変化」（七九ページ）した。それによって、どのくらい社会的影響があり、そこにどういう対策をとるかを見極めることは、地球規模の課題であり、未知の部分が多い。

多くの場合、こうした状況では、とくに女性、外国人、子ども、高齢者などのいわゆる社会的弱者において、良い意味でも悪い意味でももっとも影響が現われる。おそらくこれも、インターネットが自由主義的思想を原点にしていることと無関係ではなかろう。

日本の表現空間の歴史を振り返ると、こうしたネット上に広がる「薄暗がり」の出現は、社会の一部にとっては待望の出来事だとも言える。というのも、先述したとおり、日本では表現空間が少数のマスメディア企業に支配されてきたが、そこには明示的にも暗示的にもさまざまな「自主規制」や「倫理」があり、記者クラブも含めた「慣行」や「先例」によって、独得の情報の選別と選択が行なわれてきた。さきほど述べたような「ネット右翼」は、マスメディアが支配する日本の公共圏から排除されていたために、真っ先に「薄暗がり」に群がった人々であろう。

さらに、この「薄暗がり」は世界中で過激な性表現の温床となっている。特に日本では、そもそも公共圏においてさえ女性や外国人、子どもの権利尊重に対する意識が低いため、そこと連続する「薄暗がり」には、他の先進諸国にも増して、弱者の人権を無視した性表現が跋扈することになった。「薄暗がり」の空間は、突如として公共空間に姿を現わすために、何度も社会に議論を巻き起こし、そこでネット空間の弊害、そしてネット空間の規制が叫ばれるのである。しかしながらネットの表現空間は、ある意味でマスメディアによる表現空間の状況を別の方向から映し出す鏡でもある。

しかし他方で「薄暗がり」は、もともとマスメディア空間に居場所を見出すことのできなかった女性や社会的マイノリティたちにとって、朗報である。つまり「薄暗がり」は、現実の社会では排除されてきた発言や表現を、あるがままに受け容れる多様性の砦である。それは、マイノリティの権利や生活の問題など、マスメディアが「ニュース価値なし」と判断して取り上げてこなかったテーマについて、当事者たちが自分たちの意見を出し、語り合える空間なのである。

憲法学者で最高裁判所判事だった伊藤正己は、言論の自由は少数意見のためにこそ保障された権利であり、投票による多数決と並ぶ民主主義の重要な原理として、ほかの権利とは区別して格別の優越性があると強調した。そうした議論と読み合わせれば、確かにこの「薄暗がり」を「薄暗がり」としておくことは、民主主義にとって本質的な課題であるとさえ言ってよい。

日本の表現空間には、地域ごとにさまざまな日記や日誌を残す運動として、綴り方やサークル運動など、「薄暗がり」の空間のよき伝統があった。こうした市民による表現空間は、インターネットの普及によってふたたび活力を得るのだろうか。

しかしながらネットの「薄暗がり」は、社会にとってはまったく新しいタイプの空間である。自由主義の根幹となる法の支配が貫徹され、さらにテクノロジーの開発が進み、両義性やあいまいさがつぎつぎと排除されていく社会において、「薄暗がり」がどこまで許容されるか、先の見通しは立っていない。そして、ここにもまた、「自己組織化」という理念による選択様式が大きく介入し、情報を差別化し、一部の者が他の者を自然淘汰していく危惧が指摘されている。

こうして一見、「自由」と「平等（機会均等）」が一挙に実現したかに見えるインターネット空間ではあるが、全員参加のパラダイスという展望については、まったく予断を許さない。インターネット時代のジャーナリズムの問題は、私たちがどちらかというと楽観的になっている部分に陥穽があることに、本書は気づかせてくれるだろう。

以上、本書では、インターネットをマクロな社会現象としてとらえることによって、それがたんなる技術ではなく、社会に思想的な変更をもたらすパワーをもつことを明らかにしている。著者はとくに、主体の見えない決定メカニズムとしての「自己組織化」というメカニズムに、注意を喚起している。

また、インターネットという思想そのものについても、かつてのように唱道する大思想家がいるわけではない。インターネットの思想は、テクノロジーが生活世界に埋め込まれていく過程で、人々がその論理と仕組みを自分なりに体得していくことを通して、さらに拡大を遂げる。その意味でそれは、利用者が技術世界に取り込まれることによって、それぞれの「新しい」生き方に言及する欲求を喚起され、その言及を通して広がる、不安定で非決定的な世界観と言えるだろう。

思想としてのインターネットが民主主義の構想にどのように作用するか。この問いにひとつのまとまった結論を出せないのは、以上で見てきたとおり、それがユーザーの自己言及を通して増殖し、予測が困難で偶発性の高い自己組織性に依拠するからなのだ。

最後に、出版事情の厳しい折に、本書の出版を快諾してくださったトランスビュー社の中嶋廣さんにお礼を申し上げたい。トランスビュー社自体が、書店との直接取引を主体としながら取次も併用するという、従来の出版業界の商慣行を破るユニークな会社であることを考えると、そこから本書が出版されることはとても感慨深い。原稿を一字一句丁寧に読み、ときに小難しい訳語に対して読者の視点から適切なアドバイスを与えてくださったことも、有り難かった。心より御礼申し上げる。

また、翻訳作業の中心を担った弟である林昌宏には、私の最後の仕上げを長く待たせてしまい、ずいぶんと迷惑をかけた。一つ一つ言葉を確認しながら、丁寧に翻訳してくれたことに感謝したい。

ネット時代の日本に、生きいきと、多様性ある言論・表現空間を実現することに、本書が少しでも貢献できればと願っている。

二〇一一年十二月　　ドイツ　ベルリンにて

著者

ドミニク・カルドン（Dominique Cardon）

1965年生まれ。社会学者。パリ政治学院卒。フランステレコムのグループ会社オレンジの調査・開発研究所研究員。新たなテクノロジーが文化とメディアにおよぼす影響、特に公共空間の変化によるアイデンティティ形成、アマチュアの自己組織化、共同体のガバナンス形式などを研究。著書は他に『メディアクティヴィスト』（共著）、『インターネットとソーシャルネットワーク―政治と社会について―』（共に未訳）など多数。

訳・解説者

林　香里（はやし かおり）

1963年、名古屋市生まれ。ロイター通信東京支局記者、東京大学社会情報研究所助手、ドイツ、バンベルク大学客員研究員（フンボルト財団フェロー）を経て、現在、東京大学大学院情報学環教授。専門はジャーナリズム／マスメディア研究。主要著書、『〈オンナ・コドモ〉のジャーナリズム―ケアの倫理とともに―』（岩波書店）、『マスメディアの周縁、ジャーナリズムの核心』（新曜社）。

訳者

林　昌宏（はやし まさひろ）

1965年生まれ。立命館大学経済学部卒業。翻訳家として多くの話題作を提供。主な訳書にジャック・アタリ『21世紀の歴史』、ジャン＝マリー・シュバリエ『世界エネルギー市場』（ともに作品社）、フィリップ・キュリー『魚のいない海』（ＮＴＴ出版）、アクセル・カーン『モラルのある人は、そんなことはしない―科学の進歩と倫理のはざま―』（トランスビュー）など。

インターネット・デモクラシー
―拡大する公共空間と代議制のゆくえ―
二〇一二年二月五日　初版第一刷発行
著　者　ドミニク・カルドン
訳　者　林　昌宏
　　　　林　香里
発行者　中嶋　廣
発行所　株式会社トランスビュー
東京都中央区日本橋浜町二-一〇-一
郵便番号　一〇三-〇〇〇七
電話　〇三（三六六四）七三三四
URL http://www.transview.co.jp
印刷・製本　中央精版印刷

ISBN978-4-7987-0122-6　C1036